tudo é história

Anita Waingort Novinsky

A Inquisição

editora brasiliense

copyright © by Anita Waingort Novinsky, 1982
Nenhuma parte desta publicação pode ser gravada,
armazenada em sistemas eletrônicos, fotocopiada,
reproduzida por meios mecânicos ou outros quaisquer
sem autorização prévia do editor.

Primeira edição, 1982
3ª edição, 2007
2ª reimpressão 2012

Diretoria editorial: *Maria Teresa B. de Lima*
Editor: *Max Welcman*
Produção gráfica: *Adriana F. B. Zerbinati*
Revisão: *Cotação Gráfica*
Capa: *Cotação Gráfica*
Ilustração de capa: *Mártir do Fanatismo* – José Brito, século XIX
Atualização da Nova Ortografia: *Natália Chagas Máximo*

Dados Internacionais de Catalogação na Publicação (CIP)
(Câmara Brasileira do Livro, SP, Brasil)

Novinsky, Anita Waingort	
A Inquisição / Anita Waingort Novinsky. – São Paulo: Brasiliense, 2012. – (Coleção Tudo é História, 49)	
2ª reimp. 3ª. ed. de 2007.	
ISBN 978-85-11-00116-7	
1. Inquisição 2. Inquisição - Espanha 3. Inquisição - História - 4. Inquisição - Portugal	
I. Título. II. Série	
07-8369	CDD – 272.209

Índices para catálogo sistemático:
I. Inquisição: História 272.209

editora e livraria brasiliense
Rua Antônio de Barros, 1839 – Tatuapé
CEP 03401-001 – São Paulo – SP
www.editorabrasiliense.com.br

Sumário

Introdução 7
Sobre o conceito de heresia 11
A Inquisição medieval 17
Origens da Inquisição na Espanha moderna 25
O Santo Ofício da Inquisição em Portugal 41
Métodos de ação do Tribunal 67
Inquisição na América espanhola e no Brasil 87
O espírito do Santo Ofício da Inquisição continua? ...103
Considerações finais 107
Indicações para leitura 113
Créditos das ilustrações 121
Sobre a autora 123

*Para minhas netas, Tânia, Miriam e Ana:
na esperança de um mundo melhor.*

Introdução

Vinte e cinco anos se passaram desde que a Editora Brasiliense, fiel ao seu espírito pioneiro e inovador, incluiu na sua coleção *Tudo é História* este pequeno livro sobre a Inquisição. Desde então, muito se tem escrito sobre o assunto, e cada vez maior é o interesse que o "Santo" Ofício da Inquisição vem despertando, tanto entre as comunidades científicas, quanto entre o vasto público.

Durante três séculos, o Estado e a Igreja privaram o colono luso-brasileiro da livre crença e da liberdade de consciência, mantendo a colônia sem imprensa, sem universidade, sem ciência, sem novelas, sem arte e sem livros, a não ser os aprovados pela Igreja. Foi a Inquisição responsável pela estagnação intelectual da vida colonial, centrando em torno da Igreja, da missa, do sermão, das procissões, todas as diretrizes da vida, e incutindo uma obsessão pelo sentimento de pecado, que marcou todos os homens com o estigma da culpa. Entretanto, é surpreendente que historiadores, sociólogos e antropólogos brasileiros de renome tenham escrito obras e artigos sem mencionar a existência de uma instituição que, sendo política e religiosa, vigiou, controlou e direcionou toda a vida da sociedade brasileira colonial e influiu na política da governança, orientando decisões da Coroa, e eliminando muitos dos seus mais criativos cidadãos.

Apesar de todas as promessas de punição, a Inquisição não conseguiu fazer calar as inquietações, a solidariedade e a busca de novas mensagens, e as heresias se propagaram por toda a América. As mais autênticas expressões de fé, não oficiais, permearam toda a história colonial, desaguando algumas fortes, outras apagadas, no próprio século XX.

A América colonial foi vítima de repressão, de perseguições, de extermínios. As políticas totalitárias da Espanha e de Portugal, que anteciparam cinco séculos os totalitarismos do século XX, não podiam reconhecer e tolerar diferenças de pensamento e de fé, uma vez que havia interesses econômicos envolvidos.

Mesmo sem sucesso, milhares de portugueses e espanhóis lutaram, silenciosos, num campo de batalha, espremidos entre um poder absoluto e um universo impregnado de fanatismos, superstições e crendices. A resistência dos colonos conversos, dos índios, dos negros, dos hereges e dissidentes à imposição forçada da religião, dos valores, dos costumes, foi calada e clandestina. Os hereges Garcia da Orta, Antonio José da Silva, Padre Antonio Vieira, Juan de Vives, Frei Luis de Leon, Fernando Rojas e tantos outros foram a verdadeira glória de Portugal e da Espanha, e não seus religiosos, guerreiros e governantes.

O recrudescimento em nossos dias dos nacionalismos, do antissemitismo, dos ódios raciais, dos antagonismos religiosos, da xenofobia, mostra que, apesar de todo o progresso técnico, os homens ainda carregam consigo, viva, a herança destrutiva do passado.

A reedição desta breve síntese sobre a Inquisição oferece, aos estudantes e interessados, o retrato de um passado de crueldades que teima em se repetir e cujo conhecimento, como dizia meu saudoso amigo Celso Furtado, é fundamental para a compreensão do Brasil de hoje e do mundo de hoje.

Anita Waingort Novinsky
Julho de 2007

Esta obra foi revista e atualizada. Agradeço à Lina Gorenstein e Eneida Beraldi Ribeiro a ajuda prestada nesta reedição.

Sobre o conceito de heresia

Em fins do século XIII, a Igreja Romana sentiu-se ameaçada por uma série de críticas que estavam sendo feitas aos dogmas sobre os quais se apoiava a doutrina cristã. Essas críticas e dúvidas sobre a verdade absoluta da mensagem da Igreja aumentaram gradativamente, e os indivíduos que partilhavam dessas ideias contestadoras da doutrina oficial do catolicismo eram chamados hereges.

A palavra herege origina-se do grego *hairesis* e do latim *haeresis*, e significa doutrina contrária ao que foi definido pela Igreja em matéria de fé. Em grego, *hairetikis* significa "o que escolhe". No primeiro congresso internacional sobre heresiologia, realizado em 1962 em Royaumont, na França, foram apresentados, por famosos historiadores contemporâneos, como Robert Mandrou, Georges Duby, Michel Foucault e outros, trabalhos sobre diversos tipos de heresias. No que diz respeito propriamente ao conceito de heresia, foi aceita a definição do teólogo medievalista M. D. Chenu, de que herege é "o que escolheu", o que isolou de uma verdade global uma verdade parcial, e em seguida se obstinou na escolha. O objeto principal do colóquio de Royaumont foi estudar o papel do herege, sua função na sociedade, o herege em ação no processo histórico. Foi proposta uma questão por excelência: a do herege como crítico dos valores espirituais de uma sociedade. E ainda: qual o papel das heresias na tomada de consciência de uma sociedade?

A história das heresias constitui hoje um dos objetos principais do estudo das mentalidades, abordagem relativamente nova da história. O estudo das mentalidades procura conhecer principalmente as visões de mundo, as paixões, os comportamentos dos marginais, que eram no passado julgados pela Igreja. A heresia é uma ruptura com o dominante, ao mesmo tempo em que é uma adesão a uma outra mensagem. É contagiosa e em determinadas condições dissemina-se facilmente na sociedade. Daí o perigo que representa para a ordem estabelecida, sempre preocupada em preservar a estrutura social tradicional.

Os historiadores parecem unânimes ante um fato importante na história da civilização: a permanência da heresia, a sua continuidade, mesmo quando intensamente extirpada. Não importa a perseguição que sofrem os hereges, a heresia sempre renasce, e onde há heresia há sempre perseguição. Isso explica a persistência das heresias na Península Ibérica e em todo seu império colonial, apesar da Inquisição. Ortodoxia e heresia são, pois, dois polos inseparáveis. Quando a Igreja ortodoxa torna-se mais severa e aumenta sua repressão, é porque os hereges, os dissidentes, contestatários ou críticos também aumentaram. Mas a heresia não nasce exclusivamente dentro da ortodoxia, pode surgir dentro da própria heresia: são os grupos dissidentes dentro da própria dissidência (como exemplo, temos os comunistas franceses e italianos frente aos comunistas ortodoxos).

Na história da Península Ibérica, coexistiram durante séculos grupos étnicos de religião, idioma e costumes diferentes: os árabes e os judeus. Esse fato contribuiu consideravelmente para tornar as sociedades ibéricas extremamente permeáveis às ideias heterodoxas.

No fim do século XV, isto é, no início da época moderna, foi criada na Espanha uma instituição, que se inspirou nos moldes das que haviam funcionado na Europa durante a época medieval: o Tribunal do Santo

Ofício da Inquisição. Meio século depois, foi introduzida também em Portugal, e sua ação estendeu-se sobre todo o império português. Apesar de os tribunais na Península Ibérica apoiarem-se sobre os fundamentos básicos que nortearam a Inquisição durante a Idade Média, adquiriram características e técnicas de ação próprias. O caráter cruel e desumano de seu funcionamento talvez não tenha precedentes na história da civilização, até o surgimento do nazismo no século XX. A Espanha e Portugal estiveram, assim, na vanguarda da perseguição às heresias em toda a época moderna.

Há um fato importante que deve ser cuidadosamente anotado para entendermos o complexo fenômeno da perseguição às heresias na Espanha e Portugal: a palavra "heresia" adquiriu com o tempo diversas conotações, e para os inquisidores portugueses tinha um sentido muito definido e específico, que estava registrado em seus Regimentos. Nos 285 anos em que funcionou, a Inquisição portuguesa teve cinco Regimentos. No de 1640, que foi o que vigorou mais tempo, o conceito de quem é herege vem claramente exposto. No caso dos portugueses cristãos-novos, que foram os principais elementos visados pelo Tribunal, a palavra "herege judaizante" era utilizada em todas as sentenças e documentos oficiais da Inquisição, significando os portugueses descendentes de judeus que foram forçados ao batismo em 1497, durante o reinado de D. Manuel I, e que obstinada e secretamente seguiam a religião judaica. Diz textualmente o Regimento da Inquisição de 1640, no Livro III, p. 151: "contra os hereges e apóstatas que, sendo cristãos batizados, deixam de ter e confessar nossa santa fé católica". E também contra os indivíduos "que confessavam nela" (na Inquisição) "as culpas de judaísmo, ou de qualquer outra heresia ou apostasia". É, pois o português batizado, descendente dos judeus convertidos ao catolicismo e praticante secreto do judaísmo, um herege perante a Igreja Católica em Portugal.

Entendido este conceito, vejamos as origens do Tribunal da Inquisição na época medieval.

Tortura na roda medieval.

A Inquisição medieval

O aumento das contestações aos dogmas da Igreja, na Europa ocidental, levou o Concílio de Verona, em 1184, a nomear bispos para visitarem duas vezes por ano as paróquias suspeitas de heresia. Havia um Regimento especial que norteava o trabalho desses fiscalizadores de ideias e os bispos tinham o título de Inquisidores Ordinários. Não podemos determinar o momento exato em que a Inquisição medieval foi estabelecida. Foi produto de uma longa evolução durante a qual a Igreja e o Papado sentiam-se ameaçados em seu poder. Inocêncio III, eleito papa em 1198, vai pessoalmente ao Midi, na França, para ajudar os missionários a abater as heresias.

Mas para que a caça aos hereges surtisse efeito, era necessário o apoio do Estado, dos soberanos temporais, o que mostra a implicação política dessas perseguições, principalmente numa época em que o Estado e a Igreja estavam unidos. Apesar de a Inquisição medieval ter sido, essencialmente, uma instituição idealizada e dominada pelo papa, isto é, dirigida por uma autoridade supranacional, contava, em todos os países onde atuou, com o auxílio e a aprovação dos soberanos.

As heresias medievais, pondo em dúvida os dogmas do catolicismo e a infalibilidade da Igreja, abalavam o poder e a força da Santa Sé. Além da cruzada religiosa, empreendida contra os hereges nos séculos XII e XIII, está também a luta contra a ameaça ao poder.

Apesar do controle da Igreja, não foi possível conter a difusão das heresias, principalmente dos cátaros ou albigenses, contestadores dos dogmas da Igreja e que no sul da França constituíram-se numa espécie de Igreja contra a Igreja de Roma. Medidas severíssimas foram tomadas pela Santa Sé, e os eclesiásticos especialmente enviados aos lugares chamados "infectos" constituíam a chamada "Inquisição delegada". A "Inquisição delegada" foi criada pelo papa Gregório IX, que se tornou o coordenador e dirigente principal da luta contra os apóstatas. Domingos de Gusmão, criador da ordem dos dominicanos, organizou em 1219 uma confraria chamada "milícia de Jesus

A Inquisição

O papa cria a Inquisição.

Cristo", e seus membros eram doutrinados e preparados para se lançarem à frente da batalha pela preservação da pureza do catolicismo, o catolicismo sem crítica e sem dúvidas, e ainda a tomar armas para lutar contra os hereges. Esses milicianos de São Domingos foram os primeiros a utilizar e aplicar técnicas de crueldade e violência, que foram copiadas nos séculos XVI, XVII e XVIII pela Inquisição moderna. A Inquisição medieval exterminou comunidades inteiras, dizimou populações e queimou seres humanos.

Através da ideologia do catolicismo, a Igreja oferecia aos seus fiéis, na Idade Média como hoje, uma mensagem de salvação, de vida eterna, que poderia ser alcançada através da crença em Jesus Cristo. O ideal da Igreja era manter a unidade da doutrina, que nesse tempo ainda se encontrava fraca para enfrentar as dissidências. O questionamento a que estava exposta, então, a religião produziu diversos problemas que inquietaram os homens do tempo, como o problema do bem e do mal, da natureza do homem e da Igreja, sobre a própria conduta da vida e sobre o fim do homem. Criaram-se assim numerosas seitas, que alarmaram os defensores da ortodoxia, levando-os a se lançarem numa verdadeira cruzada pela purificação da fé.

A Inquisição medieval e a Inquisição moderna (principalmente Espanha e Portugal) apoiavam-se em bases comuns: a delação, a denúncia, os "rumores". Havia já naquele tempo, como posteriormente na Península Ibérica e nas colônias, os auxiliares da Inquisição, chamados "familiares", que ajudavam na caça aos suspeitos, funcionando como espiões, o que tornava mais eficiente o trabalho dos inquisidores.

A Inquisição penetrou em muitos países, inclusive na Europa oriental, mas onde teve mais força e eficácia foi na Europa ocidental, principalmente no sudeste da França. Muitos hereges perseguidos fugiam para a região próxima de Aragão, e Roma delegou inquisidores especiais, extremamente ativos, para policiar também os reinos espanhóis. Os reis de Aragão deixaram-se contagiar pela propaganda feita contra os albigenses, os hereges do Languedoc e outras regiões, e em 1226 proibiram a entrada dos hereges em seus reinos. Assim mesmo, foi impossível deter a irradiação das ideias críticas ao catolicismo que se difundiam, e Jacques I, rei de Aragão, pediu a Roma permissão para criar em seu reino um Tribunal. Em 12 de maio de 1314, dá-se o primeiro auto de fé e seis indivíduos, acusados de heresia, foram queimados. Seguiram-se dezenas de autos de fé. Em Valência houve um auto que se tornou célebre, pois foram queimados vinte e cinco indivíduos que não quiseram arrepender-se, abjurar de suas crenças e confessar que a Igreja estava certa. À medida que as heresias se alastravam, o herege passou a ser visto como uma perigosa ameaça à sociedade e como um traidor de Deus.

Não é possível neste curto espaço tratar dos numerosos problemas que têm relação direta com a Igreja e com o estabelecimento da Inquisição. Mas para compreendermos o que foi a Inquisição, é importante lembrar que a Igreja católica era uma empresa que funcionava com uma determinada ordem e hierarquia, estabelecendo sua organização, suas leis, suas regras punitivas e suas promessas de gratificação. Os infratores das regras eram punidos, como veremos mais adiante, de maneiras diversas: a excomunhão, a confiscação de todos os bens, o exílio, a prisão perpétua, os açoites, as galeras e até a morte na fogueira. Algumas vezes inquisidores referiam-se com mágoa ao fato de tantos hereges serem queimados, mas confessavam que tinham a missão maior de lhes salvar a alma, mesmo que tivessem de lhes queimar a carne.

Na época medieval, o mais famoso inquisidor foi Nicolau Eymerich, autor de um Manual que foi durante séculos o guia sob o qual se orientavam os inquisidores. Esse Manual criou também as normas do funcionamento da Inquisição moderna, uma das quais é o segredo. Os denunciadores ficavam situados completamente fora de perigo, pois aos prisioneiros jamais era dado conhecer os seus nomes. Assim, o delator tinha campo aberto para atuar.

Durante o século XIII e enquanto a Espanha não estava unida politicamente, a Inquisição medieval atuou apenas em alguns bispados, não tendo até o fim do século XV nenhuma penetração no reino de Castela. Com a união das Coroas de Aragão e Castela, levanta-se a bandeira da unificação política, para cuja realização os reis católicos Fernando e Isabel alegam a necessidade da unificação religiosa. Sob este pretexto, exige-se a eliminação das minorias culturais – os árabes e os judeus.

Origens da Inquisição na Espanha moderna

Foi na Espanha e Portugal, durante a época moderna, isto é, nos séculos XVI, XVII e XVIII, que a Inquisição alcançou seu apogeu.

Para entendermos as razões de sua introdução em países que foram durante a Idade Média os mais tolerantes da Europa, países onde haviam coexistido durante séculos grupos étnicos e religiosos diferentes, é necessário conhecermos alguns aspectos da sociedade ibérica. Um fenômeno básico levou ao estabelecimento do Tribunal da Inquisição: a existência, no território ibérico, de três grandes comunidades, a cristã, a muçulmana e a judia.

Esses grupos viveram durante séculos segundo suas próprias leis religiosas, e seus hábitos, totalmente diferentes entre si, eram mutuamente respeitados. Esse fenômeno moldou a Espanha e Portugal com um caráter único e distinto das outras nações durante os tempos medievais. Os judeus habitavam em bairros que eram chamados em Portugal de "judarias", e na Espanha de "aljamas", e que ficavam situados nas mais belas áreas das cidades, diferentes dos insalubres e sórdidos "guetos" da Europa de além-Pirineus. As diferenças religiosas não eram então sentidas como um perigo para a nacionalidade. A guerra de "Reconquista", na qual os cristãos lutaram durante séculos para expulsar os árabes, chamados "infiéis", que ocupavam desde o ano de 711 vastas regiões da Península Ibérica, nunca teve o mesmo caráter que as Cruzadas. Havia soldados judeus, árabes e cristãos lutando juntos tanto nos exércitos dos reis cristãos como no dos mouros.

Foi a centralização do poder, no final do século XV, que fez cair definitivamente as paredes da judaria e das aljamas, à medida que se hasteava a bandeira de um só território, uma só lei, uma só religião.

Os judeus, apesar de numerosos e influentes, nunca tiveram o domínio político sobre a Espanha, como os mouros, e já viviam no território hispânico muito tempo antes destes. Suas origens remontam ao período antes de Cristo e existem na Espanha lápides mortuárias com inscrições em hebraico datadas do século III d.C. A maneira diferente como judeus e árabes se trajavam, suas leis dietéticas, suas ocupações socioprofissionais específicas, seus costumes nunca foram considerados ou mencionados como delitos, nem as diferenças culturais vistas com desconfiança.

As relações interétnicas atingiam as esferas familiares. Os judeus frequentavam as festas religiosas e os batismos dos seus amigos cristãos, e estes eram convidados para as cerimônias judias. Os cristãos convidavam judeus para entoarem suas ladainhas durante o sepultamento de seus familiares, e os casamentos mistos também não eram raros.

A Espanha apresentava aspectos extremamente originais. Quando os cristãos saíam em procissões com a imagem do Santíssimo para festejar a visita de um rei ou algum acontecimento relevante, os judeus caminhavam acompanhando a procissão, carregando nos braços os rolos da Torá (lei de Moisés). Como disse o hispanista Américo Castro – da simbiose dos cristãos, árabes e judeus nasceu o espanhol de hoje. E o português de hoje.

O IV Concílio de Latrão, reunido em 1215, determinou que todos os judeus usassem obrigatoriamente um distintivo, para que não fossem confundidos com os cristãos. Nem em Portugal, nem na Espanha esta ordem foi cumprida. Mas esta determinação pode ser considerada, como diz certo autor, a antecipação de sete séculos da ordem de Hitler, de que todos os judeus usassem a estrela de David em suas vestimentas para ostentar a vergonha de sua origem.

Não foi tão rápido como na Alemanha do século XX, mas durou séculos, o processo de degradação dos judeus na Península Ibérica. A liberdade e tolerância que desfrutaram durante tão longo período, tanto sob a bandeira cristã como sob a bandeira árabe permitiu o desenvolvimento amplo de suas potencialidades, e os judeus alcançaram posições de grande prestígio, tanto na área política como na econômico-financeira. Houve períodos em que chegaram a dominar em grande parte a economia da Espanha e de Portugal. Durante séculos foram conselheiros e médicos dos monarcas, sobressaindo também como intelectuais, filósofos, professores e astrônomos. Seu estilo de vida comparava-se ao das classes aristocráticas.

O avanço dos conhecimentos de arte náutica, a expansão marítima e o desenvolvimento do comércio foram fatores que levaram ao amadurecimento de uma classe média, ansiosa de participar nos lucros e de ascender socialmente. O confronto desta burguesia cristã com a já sedimentada e tradicional burguesia judaica foi explorado pelas facções do poder, principalmente a

Igreja, que procurava liderar uma intensiva propaganda antijudaica, responsabilizando os judeus por todos os males que afligiam a nação. Mas a política da propaganda que chegava até o povo, principalmente através dos sermões, demorou para dar frutos. As três comunidades, cristã, judaica e muçulmana, faziam parte integrante da nação espanhola e cada uma sentia a terra como sua. Os nomes de certas famílias judias, repetidos através de gerações e gerações, testemunham a sua antiguidade em certas regiões da Península Ibérica.

No decorrer do século XIV, gradativamente, aumentaram os pedidos de restrições às atividades dos judeus. Estes eram frequentemente acusados de ocuparem as posições mais importantes que deviam pertencer aos cristãos. As condições haviam mudado, e os judeus não eram mais necessários para preencher a camada intermediária entre a massa popular e as elites dirigentes.

Em Castela, Navarra e Aragão, esporadicamente, explodiam manifestações antijudaicas, e em 1391 dá-se um massacre no qual 4.000 judeus foram mortos nas ruas de Sevilha. Uma onda antijudaica, insuflada principalmente pelo clero fanático e supersticioso, espalhou-se por diversas regiões, e as mais importantes e florescentes comunidades judaicas foram destruídas. Para escapar à morte, judeus em massa procuraram voluntariamente o batismo. Este fenômeno é único na história judaica. Em nenhum outro país e em nenhum outro momento de sua longa peregrinação pela diáspora, os judeus aceitaram o batismo em massa, apesar de sempre ter havido casos individuais de assimilação. Quando colocados ante a opção entre a conversão e a morte, a maioria dos judeus optava pela morte, pois considerava a religião cristã uma idolatria. O fenômeno da conversão na Península Ibérica é um fenômeno *sui generis* na história judaica, e vai causar na sociedade espanhola uma revolução social. No âmago da sociedade espanhola cristã, passam a coexistir três grupos com uma variedade de comportamentos e credos:

1º) os judeus que conseguiram salvar-se durante os massacres de 1391 e continuaram ligados à fé judaica;

2º) os que se converteram para salvar a vida, mas que depois de passado o perigo voltaram a praticar a antiga religião clandestinamente: são os cripto-judeus (judeus secretos);

3º) os que se converteram e se tornaram convictos e leais católicos. Entre estes últimos podemos citar como exemplo altos expoentes do catolicismo, Santa Teresa de Jesus e frei Luís de León, ambos pertencentes a famílias judias, penitenciadas pela Inquisição.

Uma vez convertidos ao catolicismo, os judeus podiam gozar de todos os direitos, como os cristãos, e as restrições solicitadas pelos Concílios não tinham neste caso nenhum vigor. Todos os caminhos que levavam à ascensão social podiam ser galgados pelos judeus convertidos ou cristãos-novos.

Suas transações econômico-financeiras com os outros países ativaram-se e aumentou sua área de influência junto às cortes. Pertencentes ao grupo dos raros letrados, competiam com o alto clero católico nos cargos oficiais, e gozavam de enormes privilégios. Através do casamento, muitos desses conversos mesclaram-se com a mais alta nobreza, e no correr do século XV o número dos judeus assimilados aumentou consideravelmente.

O que foi decisivo: o fato de existir na sociedade espanhola uma nova comunidade, a dos conversos, também chamados pejorativamente de "marranos". Há muita controvérsia em torno da palavra "marrano", que segundo alguns significa porco e tem relação com a proibição que existe na lei judaica de os judeus ingerirem carne de porco. É óbvio que o batismo, quase escolhido como única opção, não erradicou da alma dos judeus o amor pelas suas tradições, pelas suas práticas religiosas; e muitos, não cremos que a maioria como querem certos autores, continuaram a seguir, em segredo, os costumes judaicos.

Os reinos espanhóis passaram no correr do século XV por graves crises políticas e econômicas. Guerras fratricidas, peste, miséria abatem-se sob o povo espanhol. Para fazê-lo aceitar passiva e resignadamente sua sorte e desviar as atenções das verdadeiras razões da crise, a minoria responsável pela direção da sociedade encontrou uma causa: os judeus. E os conversos ou cristãos-novos são acusados de usurparem as melhores posições e empestearem, com a heresia judaica, toda a Espanha. Uma violenta onda de repressão anti-herética alastra-se rapidamente. A longa cruzada empreendida pela Igreja contra os hereges albigenses no sul da França penetrou por fim também no país vizinho, onde encontrou material de primeira ordem: os conversos.

Dá-se então, na Espanha, um fenômeno que foge completamente às suas tradições de tolerância e coexistência. Em 1449, em Toledo, irrompe um massacre dirigido exclusivamente contra os conversos. Nenhum judeu foi tocado. A primeira medida tomada foi a de eliminar os judeus convertidos das corporações profissionais.

É este o início de uma política racista, que procurava justificativas acusando todos os conversos de serem falsos cristãos, mas que na verdade nasceu do conflito entre a burguesia cristã-velha e a burguesia cristã-nova, sendo, portanto, um fenômeno da cidade, burguês. Várias leis discriminatórias passaram então a vigorar na Península Ibérica e no seu vasto império até o século XIX.

Como se disseminou essa política racista?

A discriminação contra os conversos deu origem

aos "estatutos de pureza de sangue", segundo o qual nenhum descendente de judeu e mouro, até a sexta ou sétima geração, podia pertencer às corporações profissionais, cursar as universidades, ingressar nas ordens religiosas e militares ou ocupar qualquer posto oficial.

O fato de terem sido as corporações profissionais as primeiras instituições a adotar os estatutos de pureza de sangue, e não a Igreja, mostra claramente que se tratava de um problema social, mesmo que tivesse envolvimento religioso. A Igreja foi uma das últimas instituições a endossar os estatutos, e a Inquisição os aplicou entusiasticamente. Qualquer indivíduo, português ou espanhol, que aspirasse à vida acadêmica, a algum cargo ou que quisesse pertencer às ordens militares ou religiosas devia apresentar o chamado exame de "habilitação *de genere*", para provar que não possuía entre seus ascendentes nenhuma gota de sangue judeu ou mouro.

Essa discriminação foi francamente racista, porque se tornou durante séculos a política oficial da Igreja e do Estado espanhol e português. Vigorou em todas as colônias de ultramar, e na Cúria Metropolitana de São Paulo encontram-se arquivadas centenas de processos de "habilitação *de genere*" pelo qual passaram todos os brasileiros que quiseram ingressar nas ordens religiosas, inclusive José Bonifácio de Andrada e Silva, Alexandre de Gusmão e outros. O exame de Cláudio Manuel da

Costa, que também se encontra na Cúria, mostra que foi recusado por "suspeita de sangue", mas como uma parte do documento está danificada, não sabemos se foi por causa de suas origens judaicas ou negras.

A política racista, depois da descoberta do Novo Mundo, foi aplicada também aos índios, em seguida aos negros, mulatos e ciganos. Como havia uma grande miscigenação entre a população portuguesa, os estatutos de pureza de sangue serviram de arma que o poder utilizou para restringir apenas a um pequeno grupo a direção da sociedade, preservando assim a estrutura do antigo regime.

Os povos espanhol e português foram gradativamente aceitando a mensagem propagandística da Igreja, que vinha de uma minoria, e cujos interesses pediam a eliminação da burguesia conversa ou cristã-nova. E a bandeira do "perigo converso", identificada como "perigo de heresia", lança-se sobre toda a Espanha. Em Portugal o fenômeno converso penetrou mais tarde e adquiriu nuanças próprias. Os conversos passaram, então, a ser sempre encarados como suspeitos, não sendo suficiente ser leal católico para participar da sociedade. Era necessário ser puro de sangue. A mescla dos conversos com a população geral e com a nobreza tornava difícil distinguir, na Península Ibérica, as famílias "limpas". Mesmo assim, com os anos, as restrições contra os conversos e seus descendentes aumentaram. E, quando alcançamos o final do século XV, fanáticos cristãos já haviam semeado por toda a Espanha a ideia de que o país estava infestado de hereges. À medida que a burguesia cristã aumenta, também aumenta seu confronto com a burguesia "conversa". As facções dominantes, principalmente o clero, instigam essas rivalidades, e os cristãos-velhos aceitam a mensagem que lhes vem do alto, com a qual se identificam orgulhosamente, por serem também portadores de sangue puro. Voltando-se contra os descendentes dos judeus, servem às classes dominantes.

Fernando e Isabel subiram ao trono em 1474, e deram amplas oportunidades aos extremistas da Igreja de advogar uma solução para a questão dos conversos e judeus, que se havia agravado. Para consolidar seu governo, os reis católicos precisavam do apoio dos homens da Igreja e dos burgueses, os homens da cidade. Em troca desse apoio, introduziram uma série de medidas restritivas contra os conversos e judeus. Atrás desse fato encontram-se os vazios cofres do Tesouro e a ambição de Fernando de expulsar os mouros, ainda instalados em Granada, para o que não tinha meios financeiros. Esses meios são conseguidos com os lucros provenientes do confisco dos bens dos condenados pela Inquisição. O Tribunal da Inquisição na Espanha foi criado com o objetivo de extirpar a heresia judaica e eliminar os conversos suspeitos de a praticarem, acusados de estarem contagiando a sociedade espanhola. Neste fato jaz a especificidade da Inquisição moderna. Seu móvel principal foram os judeus espanhóis convertidos ao catolicismo.

Os monarcas católicos negociaram o estabelecimento do Tribunal com o papa Xisto IV, que inicialmente não se mostrou muito favorável à ideia, expressando textualmente suas dúvidas sobre as "intenções" puramente religiosas de Isabel. Por razões políticas acabou concordando, e em 1º de novembro de 1478 autorizou a nomeação de inquisidores em todas as partes de Castela.

A Andaluzia era então um dos centros mais populosos de conversos, e a Inquisição começou seu trabalho em Sevilha. Muitos suspeitos foram presos, acusados de serem hereges judaizantes, inclusive personalidades ilustres. Segundo o cronista dos reis católicos André Bernaldes, entre os anos 1481 e 1488 mais de 700 conversos foram queimados e mais de 5.000 foram presos e penitenciados.

Em 1483 Xisto IV autorizou também o estabelecimento do Tribunal em Aragão, Catalunha e Valência, e Tomás de Torquemada, chefe do mosteiro dominicano de Santa Cruz em Segóvia, foi apontado pelo Rei inquisidor geral. A Inquisição adquire então toda sua força e o caráter que vai marcá-la nos séculos seguintes.

A Inquisição ibérica ultrapassou de longe a crueldade e intensidade da Inquisição papal na Idade Média. Foi estabelecida com a autorização do papa, mas seu idealizador foi o rei, com o objetivo principal não de resolver um problema aparentemente religioso, mas social. Não restam dúvidas de que desde seu início a Inquisição respondeu a imperativos políticos.

Em 1492 os reis católicos, com os lucros que haviam recolhido do confisco dos bens dos cristãos-novos presos pela Inquisição, que funcionava regularmente desde 1482, conseguiram vencer politicamente os mouros de Granada. Hasteando a bandeira ideológica da unificação política, decretaram, em março desse mesmo ano, a expulsão dos judeus.

Depois da conquista de Granada os reis da Espanha deram aos mouros uma alternativa, o batismo ou a expulsão. Numerosos problemas, inclusive dificuldades de emigração, levaram a maioria a se converter. Milhares de mouriscos passaram então a praticar a sua religião em segredo. Todas as práticas, costumes, língua, religião foram rigorosamente proibidos. Muitos seguiam seus costumes em segredo e foram condenados pela Inquisição. Alguns eram tão leais à sua fé que praticavam a religião muçulmana na prisão. Os pais transmitiam as tradições e crenças aos filhos. Apesar de batizados, muitos mouriscos relutaram em praticar o catolicismo, recusavam-se a assistir à missa, não criam nos Sacramentos, na confissão e na virgindade de Maria e não aceitavam as imagens e a cruz. Por razões políticas, os estatutos de pureza de sangue, que vigoravam desde meados do século XV, foram aplicados com maior rigor, e os descendentes dos mouros passaram a ser discriminados em todo o império espanhol e português até o século XIX.

Os cristãos nutriam um sentimento de hostilidade contra os mouriscos, mas tudo leva a crer que era menor do que contra os cristãos-novos, pois eram mais pobres e constituíam grande parte da mão de obra do país, enquanto que muitos descendentes dos judeus faziam parte da média e alta burguesia. Como os conversos, também os mouriscos sentiam profunda aversão pelo Tribunal e o chamavam de "Tribunal do Diabo" ou "Presídio do Demônio que tem por conselheiros a mentira e a cegueira".

Os mouriscos viveram durante séculos, como os descendentes dos judeus, na clandestinidade e numa sociedade semioculta. Foram definitivamente expulsos somente em 1609, mas houve períodos em que chegaram a constituir a principal presa da Inquisição de Valência, Saragoça e Granada. Em Granada representaram a maioria dos penitentes, isto é, 78%. Os dados que conhecemos sobre as atividades financeiras da Inquisição espanhola mostram que também os mouriscos contribuíram para os cofres da Inquisição.

A opção dada pelos reis católicos aos mouriscos foi também estendida aos judeus: o batismo ou o exílio. Milhares decidiram partir e fortunas reverteram novamente para o Tesouro Real, pois os judeus trocavam casas, propriedades por um pedaço de pano ou qualquer coisa que pudessem carregar consigo.

Os autores divergem sobre o número de judeus que saíram da Espanha. Alguns falam em 120.000, outros chegam a cifras bem mais elevadas. Abraão Zacuto, astrônomo e cronista da época, e que também abandonou Castela nesse período, nos fornece um número muito alto, 180.000 judeus, dos quais 120.000 entraram em Portugal, pagando um preço estipulado, por cabeça. Alguns autores dão cifras muito menores. Talvez 100.000 esteja mais próximo da realidade.

Aumentou, assim, consideravelmente a população judaica no reino lusitano. Cinco anos depois, em 1497, o rei de Portugal D. Manuel, por razões políticas, obrigou todos os judeus, sem opção, a se converterem ao catolicismo. Esse fenômeno ficou conhecido na história como a "conversão" ou "batismo forçado" e dá início à era dos cristãos-novos. Nesse fenômeno encontra-se também o principal motivo que levou à introdução da Inquisição em Portugal.

O Santo Ofício
da Inquisição em Portugal

O sucessor de D. Manuel no trono, D. João III, influenciado pela Espanha e sob a alegação de que os judeus batizados à força e seus descendentes não eram cristãos verdadeiros, solicita ao papa autorização para introduzir em Portugal um Tribunal, que funcionasse sob os moldes do espanhol. As disputas entre o rei e o papa em torno de quem teria a jurisdição sobre o Tribunal estenderam-se por muitos anos. Conforme o lado para o qual pendiam os largos donativos dos cristãos-novos portugueses, pendiam também a benevolência e a tolerância do monarca português ou do sumo pontífice.

Afinal D. João III venceu, oferecendo ao papa uma enorme fortuna em troca da permissão para agir sem interferência de Roma. A bula papal de 23 de maio de 1536 autorizou a Inquisição no reino lusitano, e em 1540 se realizou o primeiro auto de fé em Lisboa. Pela bula *Meditatio Cordis*, de 16 de julho de 1547, o Tribunal foi definitivamente estabelecido.

Foram criados Tribunais em Lisboa, Coimbra, Évora, Lamego, Tomar e Porto. Os três últimos foram abolidos por causa dos grandes abusos e corrupção de sua administração. Os demais trabalharam com intensidade até o século XIX. Considerando as proporções do território português, podemos dizer que a Inquisição lusitana, em certo período, ultrapassou em ferocidade e violência a Inquisição espanhola, contrariamente ao que se tem escrito.

Frequentemente lemos trabalhos que trazem ainda as marcas das opiniões tradicionais, que falam da "ameaça judaica" ou "moura", dos "perigos" para a doutrina católica. Como diz Oliveira Marques, nem judeus nem mouros ameaçavam a unidade da fé. Todas as negociações mantidas entre Roma e Portugal para se estabelecer o Tribunal tiveram por base o poder do dinheiro. Os papas sabiam que os monarcas portugueses, possuindo o domínio sobre a Inquisição, enfraqueceriam politicamente Roma. Daí as longas lutas travadas com D. João III e seus conselheiros, que queriam a autorização para criar a Inquisição em Portugal. Tanto na corte portuguesa como nos estados papais reinavam intriga, corrupção, suborno. A Inquisição foi "comprada" por D. João III, no começo com algumas restrições, mas com o tempo estas foram abolidas e o rei passou a ter poder absoluto sobre a instituição.

O estabelecimento da Inquisição, tanto em Portugal como na Espanha, está ligado às ambições de centralização de poder. Tendo um Tribunal que funcionasse sob seu controle, os reis espanhóis e portugueses teriam uma arma a mais para fazer dobrarem-se as posições a seu favor. As consequências da Inquisição portuguesa foram amplas, pois levando ao êxodo de gente e capitais ela contribuiu para o desenvolvimento do capitalismo comercial no norte da Europa e para a disseminação do pensamento herético.

Os portugueses de origem judaica perseguidos pela Inquisição espalharam-se pelos quatro cantos do mundo, levando seus costumes, religião, língua, alimentação, folclore, literatura, que preservaram durante cinco séculos. Muitos desses portugueses que saíram de Portugal e conseguiram salvar-se da Inquisição estabeleceram-se na Holanda, e seus descendentes morreram nas mãos dos nazistas durante a Segunda Guerra Mundial.

Alguns dos sobreviventes foram para Israel e outros se encontram espalhados pela Europa e América, falando ainda até hoje o idioma de origem judaico-espanhola, no Brasil chamado "raquitia".

Apesar de todo o aparato religioso e da auréola divina com que o Tribunal da Inquisição se revestiu, apesar das funções "santas" que alegou, foi uma instituição vinculada ao Estado. Respondeu aos interesses das facções do poder: coroa, nobreza e clero. Transmitia à massa dos fiéis, aos leigos, uma mensagem de medo e terror, que tornava a maioria da sociedade submissa e obediente. Mas as Inquisições espanhola e portuguesa não podem ser tratadas como instituições homogêneas, pois agiram conforme a época, conforme as circunstâncias do momento, conforme seus interesses políticos e suas necessidades financeiras.

Segundo Fernand Braudel, podemos falar de um século dos Fuggers, de um século dos genoveses, e no estado atual das pesquisas podemos falar do século dos grandes mercadores judeus, principalmente a partir dos anos de 1591-1600, estendendo-se até 1650. Infelizmente, depois da metade do século XVII, não temos monografias nem pesquisas suficientes sobre suas atividades comerciais em outras regiões, para podermos precisar a medida de sua importância no mundo financeiro europeu e internacional.

Em Portugal, nos séculos XVI e XVII, cristão-novo era sinônimo de "homem de negócios", e na mente dos portugueses todos os cristãos-novos eram comerciantes. Havia alguma base nessas opiniões, mas não podemos generalizá-las de todo. Entre os processos existentes nos arquivos da Inquisição encontramos grande quantidade de cristãos-novos que não passavam de pobres artesãos, sapateiros, doceiros, vendeiros, homens com poucos recursos, vivendo de seu trabalho manual.

No século XVII, mercadores cristãos-novos adquiriram papel relevante nas finanças do país. Durante certo tempo parece que controlaram grande parte do comércio, tanto interno como de ultramar. Chegaram a monopolizar o comércio de açúcar, de especiarias e de outros produtos coloniais. Duarte Gomes Solis, em 1662, em seu discurso sobre o comércio das Índias, escreve que "porque esse poco e mucho dinero que tiene el Reyno, elles (isto é, os cristãos-novos) lo manejan...". Os cristãos-novos portugueses tinham ligações familiares e comerciais que se estendiam por diversas partes do mundo, o que lhes facilitava os contatos e as transações comerciais e financeiras. Constituíram uma classe média urbana e, depois da união ibérica, tiveram também importante atuação na Espanha. Em ambos os países, os cristãos-novos estavam preparados para preencher o vácuo que existia entre os camponeses que não podiam ascender e a aristocracia que desdenhava toda espécie de comércio.

A Inquisição sempre esteve na pista dos homens de negócio. Para isto contava com um séquito de funcionários que atuavam como espiões, trazendo informações e denúncias de portugueses residentes nas colônias, na Holanda, em Hamburgo, na Itália, na França, em Londres etc. Paradoxalmente, o rei precisava da burguesia e se apoiava nela e, muitas vezes, em troca de serviços lhes outorgava títulos e honrarias, mas também se apoiava na Inquisição, que impedia a expansão dessa mesma burguesia.

Uma das razões de Portugal não se ter industrializado nem acompanhado o progresso das nações europeias se deve em grande parte à política inquisitorial, como advertiu o padre Antônio Vieira ao rei D. João IV nas diversas propostas que lhe dirigiu. A Inquisição tolhia a liberdade de ação da burguesia cristã-nova, provocando a sua fuga e o êxodo dos capitais. A ordem nobiliárquica eclesiástica anticapitalista e as discriminações contra os cristãos-novos travou a formação de uma burguesia portuguesa.

Como diz o ilustre historiador português Vitorino Magalhães Godinho, a Inquisição teve um papel político importantíssimo: quebrou a unidade nacional, forçando a fuga de muitos dos melhores elementos, minou os alicerces econômicos do império português. Semeando continuamente inquietude nos meios de negócios, produziu a desconfiança entre os mercadores estrangeiros, vibrou golpes nos homens de grossos cabedais que serviam a coroa e a defesa nacional.

A limitação dos direitos dos descendentes de convertidos, através da aplicação dos estatutos de pureza de sangue, também foi uma tentativa da nobreza feudal de eliminar uma parte da burguesia – os cristãos-novos – que tinham criado força e aspiravam ao domínio sobre o Estado. A Inquisição era uma ameaça permanente e servia-se de todos os pretextos para confiscar e perseguir os homens de negócios cristãos-novos. Durante a união com a Espanha, a burguesia portuguesa enriqueceu e os cristãos-novos tiveram atuação importante como financistas da coroa espanhola. Depois de 1640 sofreu um declínio, e os estrangeiros ingleses, holandeses, alemães, franceses, estabelecidos em Lisboa e protegidos por diversos tratados, deram o golpe mortal nos comerciantes nacionais. A Inquisição atuou sem limites, arruinou numerosas firmas e prendeu importantes homens de negócios.

A notícia das arbitrariedades praticadas pela Inquisição portuguesa na segunda metade do século XVII chegou a Roma. Nas altas esferas da Cúria havia certa simpatia pelos cristãos-novos, que continuamente mandavam grossos donativos. Os cristãos-novos queixavam-se ao papa de que eram acusados, presos e mortos sem culpa. Em 1673 duas freiras, fiéis cristãs, foram queimadas inocentemente pela Inquisição de Évora, o que produziu grande escândalo em Roma. Os inquisidores portugueses foram chamados de "bárbaros".

Nessa época, dois fatos interferiram no funcionamento da Inquisição portuguesa e levaram ao pronunciamento do papa: um texto divulgado clandestinamente, intitulado *Notícias Recônditas*, escrito por um notário da Inquisição, que delata os métodos, as injustiças, os crimes praticados pela Inquisição em Portugal, e a interferência de um jesuíta, o padre Antônio Vieira, que, quando em Roma, ajudou a desmascarar a dita "cristianíssima e santa Inquisição".

O papa mandou suspender o funcionamento da Inquisição, e de 1674 até 1681 suas funções estiveram interrompidas. Mas o casamento do príncipe D. Pedro entra em cena. Para os festejos havia necessidade de dinheiro e a nobreza e o clero suplicam ao papa que permita o restabelecimento da Inquisição, para que o confisco dos bens dos novos presos possa cobrir os gastos necessários para as bodas.

Pressionado politicamente, o sumo pontífice deixou-se convencer, e em 22 de agosto de 1681 o Tribunal português reiniciou suas atividades. Desde então se intensificaram as perseguições e se realizaram autos de fé quase todos os anos.

No século XVII a coroa portuguesa manteve o controle sobre a Inquisição, que dependia economicamente do rei, pois não tinha base financeira própria. A legislação determinava que o fruto dos confiscos devia ser dividido entre a coroa e o Tribunal, mas, na prática, a Inquisição sempre se apoderou dos bens dos condenados, alegando falta de recursos para mover a instituição.

Não existe nenhum trabalho que trate especificamente do papel político da Inquisição portuguesa e espanhola. Mas numerosos exemplos o comprovam.

Um famoso escândalo político foi o de Antônio Perez, que em 1571 era secretário de Estado de Felipe II, tendo alcançado um dos postos mais importantes na monarquia. Por rivalidades, viu-se envolvido em intrigas internacionais. Conhecia todos os segredos da coroa, tendo absoluto controle sobre o Tesouro. Foi denunciado por vender cargos, por suborno e por trair segredos do Estado. Felipe viu um caminho para atingi-lo: a Inquisição. Tinha de ser acusado de heresia. Foi difícil encontrar provas contra seu catolicismo, mas o confessor do rei conseguiu-as. Mesmo sendo íntimo amigo do inquisidor-mor e tendo o apoio da população de Saragoça, Perez foi acusado de herege. Conseguiu fugir e morreu em Paris, e, conforme testemunhou o núncio apostólico da região, sempre viveu como fiel católico.

Na revolução da Catalunha, em 1640, o próprio inquisidor sugeriu que o Tribunal iniciasse um processo contra os rebeldes, e na Guerra de Sucessão (1702-1714) a Inquisição ameaçou de censuras eclesiásticas os culpados de opiniões contrárias.

No reinado de Felipe V temos o exemplo de Melchior de Macanaz, jurista que foi o primeiro grande reformador político da Espanha dos Bourbons. Quando os reinos de Aragão, Valência e Catalunha rebelaram-se contra Felipe V, Macanaz elabora um Comentário onde, além de tentar reatar as relações com o papado, interrompidas em 1709, pois a Santa Sé havia apoiado os Habsburgos, pede que os Tribunais fossem privados de todo poder temporal e que a coroa pudesse tributar livremente a Igreja. A Inquisição decide atacar Macanaz e bajula o rei, até este aceitar sua condenação. Macanaz jamais foi contra a Espanha e a sua condenação foi uma chantagem de origem puramente política.

No que diz respeito à Inquisição portuguesa, sua implicação política também se revelou bem clara desde o seu estabelecimento. Quando o Tribunal da Inquisição portuguesa entrou em funcionamento regular, as forças políticas e espirituais da nação estavam unidas: rei e inquisidor eram a mesma pessoa. O cardeal

Henrique, o cardeal Alberto da Áustria e o bispo D. Pedro de Castilho foram simultaneamente governadores e inquisidores.

Na época da luta pela Restauração portuguesa, em 1640, os dominicanos que encabeçavam a Inquisição eram aliados dos Habsburgos e de Roma. Os Braganças, jesuítas e importante fração da burguesia cristã-nova eram aliados do rei português D. João IV. A Inquisição, querendo abater politicamente D. João IV, prendeu seus "importantes homens de negócios", inclusive o maior financista da coroa, Duarte da Silva, cujo crédito permitia a chegada, vindo da Holanda, de munições, pólvora e armas para o sustento da guerra contra Castela. A alegação de heresia era um ardil excelente para se atacar os elementos que perturbavam o programa político. A Inquisição prendeu homens de confiança de D. João IV, queimando seu cônsul na França, Manoel Fernandes Vila Real, que defendia nas cortes europeias a integridade e legitimidade do novo rei.

Durante o reinado de D. João IV, excepcionalmente, a Inquisição e a coroa estiveram em conflito. A luta travada entre a Inquisição e o rei foi feroz, principalmente quando o novo monarca português, a conselho do padre Antônio Vieira, isentou do confisco, caso fossem presos, os homens de negócios cristãos-novos que entraram com seus capitais na formação da primeira Companhia de Comércio para o Brasil, em 1649. A Inquisição viu-se assim privada de uma de suas principais fontes de renda, e usou de artimanhas, manobras e intrigas para prejudicar D. João IV. Depois de morto, excomungou-o. Também na colônia brasileira, durante a invasão pelos holandeses da Bahia em 1624 e de Pernambuco em 1630, a heresia religiosa mascarou os interesses políticos. Tanto os representantes do reino como do clero local acusaram os cristãos-novos, residentes no Brasil, de serem colaboradores dos hereges holandeses. Tentou-se armar processos, prender gente, obter denúncias que tirassem dos governadores e da população, que abandonou a Bahia em 1624, sem defesa e sem luta, a responsabilidade que lhes cabia. Pesquisas realizadas mostraram que os cristãos-novos, juntamente com parte da população local, participaram da defesa da Bahia, contribuindo com vultosas somas de dinheiro, auxiliando com planos e expondo suas vidas. Os cristãos-novos não tiveram uma posição homogênea, como também não a teve a população em geral. Havia-os de ambos os lados, como também no clero católico, que conforme os documentos colaborou intimamente com os invasores holandeses. A historiografia brasileira e estrangeira, que defende uma posição única dos cristãos-novos, vistos todos como hereges e

A Inquisição 53

Emblema da Inquisição ampliado.

interessados na ocupação holandesa, já foi contestada pelo ilustre historiador inglês Charles Boxer.

Também na América espanhola, em Lima e no México, o Tribunal de Inquisição serviu a interesses políticos, e a rivalidade política e econômica entre portugueses e espanhóis levou a Inquisição a prender e matar centenas de portugueses, alegando serem hereges judaizantes.

A Inquisição em Goa, na Índia, funcionou desde 1543, mas só foi estabelecida formalmente em 1560. O primeiro auto de fé deu-se em 1563 e, até o fim do século XVII, foram julgadas mais de 3.000 pessoas, em 37 autos. O Tribunal foi abolido em 1774, mas reviveu depois de Pombal, em 1777, sendo extinto em 1812.

Os processos da Inquisição de Goa foram recentemente estudados e tratam principalmente dos hindus convertidos ao catolicismo, que seguiam a sua religião antiga em segredo.

Se focalizarmos os três séculos, XVI, XVII e XVIII, em que o Tribunal da Inquisição funcionou, podemos dizer que as facções de poder, coroa, nobreza e clero, apesar da rivalidade entre si, tinham interesses na continuidade da instituição e a utilizaram para garantir a persistência da estrutura tradicional do regime, sem o qual suas posições e seus privilégios estariam ameaçados. Coroa e nobreza apoiavam-se na Inquisição, que durante séculos foi o sustentáculo e garantia da continuidade do sistema.

A heresia religiosa e a heresia política caminharam juntas.

Contrariamente ao que se tem escrito, o marquês de Pombal não restringiu as atividades do Tribunal da Inquisição, mas, ao contrário, ampliou-o visando a reforçar o poder do Estado. Transformou a Inquisição num Tribunal Régio, e deu-lhe o título de "Majestade". Nomeou-se a si próprio e a seus parentes "familiares" do Santo Ofício. E de seu irmão fez "inquisidor-mor".

No primeiro decênio de seu governo foram julgados e sentenciados aproximadamente 1.107 réus e foram queimadas 18 pessoas.

Somente em 1774, isto é, após 24 anos de poder, elaborou-se um novo Regimento, que teve a supervisão direta do marquês. Extinguiu os autos de fé públicos, mas os particulares, na sala da Inquisição, continuaram a se realizar. Condenou a tortura, mas mandava aplicá-la quando ele achava justo. De 1750, ano em que subiu ao poder, até 1773 realizaram-se 61 autos de fé. Considerando algumas décadas anteriores, podemos dizer que de 1721 até pouco antes do fim do seu governo, em 1777, foram queimadas vivas 139 pessoas, 20 em efígie e penitenciadas 3.488 aproximadamente.

Uma das medidas importantes de Pombal em seu governo, tomada com uma visão mais política que humanitária, foi a lei de 1773, eliminando a discriminação racista que havia contra os cristãos-novos, ficando-lhes desde então facultados todos os cargos públicos, como também aos filhos e netos de condenados.

Tanto durante como depois de seu governo, e até o fim da Inquisição, réus brasileiros prestaram depoimentos perante o Tribunal e seus nomes ficaram anotados nos enormes livros de Registros da Inquisição, como suspeitos e subversivos. Entre eles lembramos o nome do ilustre José Bonifácio de Andrada e Silva, chamado "Bacharel do Brasil", que foi denunciado como ateu em 1789, e outros como Alexandre Correia de Pernambuco, Ambrósio Coutinho, pertencente à família do coronel Ambrósio Coutinho, Antonio Gomes, do Rio de Janeiro, Antonio da Pina Cabral, da Bahia, Antonio José da Cunha, da Bahia, Antonio Fernandes da Silva, cômico da casa da ópera do Rio de Janeiro, chamado "o grande", Antonio José da Silva, de Pernambuco, Francisco de Meio Vasconcelos Lima, formado em medicina, de São Paulo, o poeta Antonio de Souza Caldas e o autor do livro *O Reino da Estupidez*, Francisco de Melo Franco.

Já no século XIX aparecem os nomes dos

---
* Ver Novinsky, Anita. Inquisição - prisioneiros do Brasil. Rio de Janeiro, Expressão e Cultura, 2002.

brasileiros Alexandre Correa de Castro, Manuel Ignácio de Alvarenga, mestre de retórica do Rio de Janeiro, acusado de "libertino", Manuel Pinto de Almeida, também "libertino", Pedro Dias Pais Leme, do Rio de Janeiro, e o ilustre jornalista Hypólito José da Costa.

Nos anos de 1805 e 1806 ainda seguiam para Lisboa listas de hereges do Brasil. O número total de denunciados e processados da colônia brasileira, pelos crimes de heresia religiosa, práticas supersticiosas, comportamentos desviantes, ideias filosóficas, tanto entre cristãos-novos como cristãos-velhos, já é conhecido[*].

A maçonaria foi alvo frequente do Tribunal no período pós-pombalino. Em 1731 já encontramos referências a pedreiros-livres (maçons) em Portugal e os arquivos da Inquisição registraram denúncias sobre os locais onde se reuniam.

O Brasil, assim como Lima, no Peru, foi um dos focos principais de pedreiros-livres durante todo o século XVIII, e pode-se dizer que juntamente com os cristãos-novos e jesuítas contribuíram para minar os impérios espanhol e lusitano na América. Uma denúncia enviada da Bahia para o Santo Ofício em Lisboa, pelo comissário da Inquisição João Lobato, revela 400 pedreiros-livres em Salvador, em 1803.

A Inquisição de Lisboa prendeu, em 1802, o jornalista brasileiro de 28 anos de idade Hypólito José da

Emblema da Inquisição-procissão.

Costa. Foi levado aos cárceres da Inquisição pelo crime de ser maçom. Escreveu então uma narrativa sobre sua perseguição, na qual conta a luta que travou contra o Santo Tribunal.

As informações sobre os métodos empregados pela Inquisição portuguesa e espanhola nessa época cruzaram as fronteiras e em 1803, na França, publicou-se uma denúncia sobre as "atrocidades" praticadas nos países ibéricos contra os maçons.

Apesar de o estabelecimento da Inquisição na Espanha e em Portugal ter sido consequência direta da existência do problema converso, ou cristão-novo, e terem sido os acusados de heresia judaica a matéria-prima que permitiu o contínuo funcionamento dos Tribunais ibéricos, também caíam sob a alçada da Inquisição numerosos outros crimes. Portugueses e espanhóis do reino e das colônias compareceram perante as mesas inquisitoriais e desfilaram nos autos de fé das praças públicas. Os delitos eram os mais diversos: feitiçaria, bruxaria, bigamia, solicitação, sodomia, blasfêmia, desacato, fautoria, luteranismo, muçulmanismo etc. No século XVIII aparecem novos tipos de crimes ligados principalmente ao campo das ideias, como jansenismo, racionalismo e as heresias dos libertinos, deístas e afrancesados.

A Inquisição punia ainda os que se opunham a ela

ou a criticavam ou a impediam de exercer o seu trabalho, os que não ajudavam na caça aos hereges, os governadores que nas suas vilas não defendiam a Igreja contra os dissidentes, os advogados, notários, homens de lei que favoreciam os transgressores, dando-lhes conselhos para escaparem da Inquisição. E também punia os que durante o processo se recusavam a prestar informações, os mortos denunciados como tendo sido hereges – cuja memória devia ser infamada, seu cadáver exumado e seus bens confiscados. Ainda todos aqueles que por suas ações, discursos ou escritos procediam contra a ordem da Igreja.

Os castigos infligidos a esses crimes eram mais leves do que os aplicados aos judaizantes. A bigamia, que era inicialmente julgada pelos tribunais episcopais, acabou também pertencendo à alçada da Inquisição.

A onda de perseguição às feiticeiras na época moderna alastrou-se por toda a Europa, principalmente Alemanha, Inglaterra, Itália e França. Os documentos da época e também os livros que têm sido escritos sobre esse fenômeno revelam que milhares de jovens foram queimadas pelo crime de "lançar mau-olhado sobre crianças", "desfazer amor e casamento", "receber presentes do diabo", "praticar cerimônias em pacto com o demônio", "cometer atos contra a honestidade e a religião" etc. O papa Alexandre VI iniciou uma verdadeira batalha contra as feiticeiras e os mágicos em 1500, e a Inquisição espanhola preocupou-se ativamente com esses crimes no século XVI. Em Saragoça, Toledo e Cuenca, muitas feiticeiras foram queimadas vivas. Em Navarra, entre 1520 e 1530, foram alvo de um verdadeiro massacre e, no auto de fé de 7 de novembro de 1610, foram condenadas 29 feiticeiras, sendo queimadas em efígie 5 e 6 em carne.

Com os anos, a caça às feiticeiras diminuiu no resto da Europa, mas continuou na Península Ibérica. Em Portugal numerosas feiticeiras compareceram aos autos de fé durante os séculos XVI, XVII e XVIII, sendo muitas originárias do Brasil.

Uma das principais armas dos regimes totalitários é a censura, e a Inquisição foi responsável pela sua introdução em Portugal.

O Concílio de Latrão, em 1517, em sua 10ª secção publicou um decreto proibindo que se imprimisse qualquer livro sem exame prévio do bispo local. Desde a década de 1520, a imprensa em Portugal era supervisionada pela coroa, mas ainda sem nenhuma rigidez. Em 1540 os impressores receberam uma notificação do inquisidor para que não imprimissem coisa alguma sem mostrar aos censores, sob a ameaça de penas severas. Todas as livrarias e todos os navios que chegassem aos portos do reino ou das colônias tinham de ser

Queima de livros.

examinados pelos "visitadores das naus". Os censores e visitadores eram sempre membros do clero. À medida que a Inquisição se fortalecia, mais severa se tornava a censura e até as bibliotecas de particulares falecidos eram imediatamente revistadas.

O primeiro *Index* de Roma apareceu em 1543, e em 1547 saiu a primeira lista portuguesa de livros proibidos. O segundo *Index* saiu em Portugal, em 1551, e trazia 495 títulos, dos quais 13 eram em idiomas português e castelhano. Cada *Index* que aparecia em Portugal apresentava maior número de obras interditadas. Em 1561 eram mais de 50 os títulos em português e castelhano, 94 títulos em 1581 e 330 títulos em 1624.

A censura de livros foi severíssima e eram considerados heréticos os que se referiam a "coisas lascivas e desonestas", livros sobre feitiçarias, astrologia, assim como qualquer escrito contra a Santa Fé Católica e os bons costumes. Gil Vicente, Camões, Sá de Miranda, Bernardim Ribeiro etc. tiveram suas obras censuradas e mutiladas. Os censores davam-se o direito de riscar ou rasgar partes inteiras de livros e muitas vezes as obras eram publicadas totalmente reformadas. Os livros que tratavam de assuntos considerados perigosos como o judaísmo ou textos escritos em hebraico como o Talmud, eram queimados nos autos de fé. Todo livro publicado sofria a censura de três órgãos: primeiro da Inquisição, em segundo lugar do "Ordinário" (o bispo da diocese) e por fim do rei, por meio do Desembargo do Paço.

Em 1558, o medo da influência do protestantismo reforçou a censura e os responsáveis por textos proibidos recebiam a sentença de pena de morte ou confisco de todos os seus bens. A leitura da Bíblia em linguagem corrente foi interditada durante séculos e diversos colonos brasileiros foram denunciados por possuí-la. O povo tinha de receber a mensagem do Evangelho através das interpretações do clero, grande parte do qual era semianalfabeta.

Pombal, para reforçar o poder absoluto do Estado, criou a Real Mesa Censória em 1768 e assumiu o controle de toda produção escrita. Os livros que defendiam ideias ateias ou não católicas, que ensinassem práticas mágicas ou astrologia, descrevessem cenas obscenas, atacassem o governo ou que fossem considerados subversivos para a ordem social existente eram proibidos. As bibliotecas particulares continuaram a ser fiscalizadas.

As lavagens cerebrais aplicadas durante séculos surtiram efeito. Fiscalizando rigorosamente tudo que se escrevia e proibindo a leitura de autores como Descartes, Locke e outros, o Santo Ofício transformou a maior parte dos portugueses em autômatos sem opinião nem crítica.

Apertando cada vez mais o "cordão sanitário", apavorando o povo com o risco de contágio com ideias estrangeiras, a Inquisição impediu Portugal de acompanhar o progresso científico e cultural da Europa, levando-o para um obscurantismo do qual tentou sair até o século XX.

A corrupção é o mais eficiente meio de minar os regimes ditatoriais. Viajantes, mercadores, contrabandistas introduziram textos manuscritos e impressos proibidos. O rol dos livros mencionados nos inventários dos presos pela Inquisição tanto no reino como nas colônias mostra que, por mais rigorosa que fossem a fiscalização e a punição, a força dos novos ideais atravessou as fronteiras, e na clandestinidade se moldaram as consciências críticas, em oposição aos ditos mensageiros do "saneamento" moral e religioso da sociedade.

Métodos de ação do Tribunal

O Tribunal da Inquisição orientava-se, como já dissemos, por um Regimento Interno, onde estavam sistematizadas as leis, jurisprudência, ordens e prazos a serem seguidos.

Os crimes julgados pelo Tribunal eram de duas naturezas: contra a fé, como judaísmo, protestantismo, luteranismo, deísmo, libertinismo, molinismo, maometismo, blasfêmias, desacatos, críticas aos dogmas; e contra a moral e os costumes, como bigamia, sodomia, feitiçaria etc., com toda sua série de modalidades, e que se misturavam com o campo religioso.

Preparação para o potro.

Os crimes contra a fé eram considerados mais graves do que os crimes contra os costumes e a moral, e as suas penas eram muito mais severas. Os réus acusados de crimes contra a fé tinham quase sempre seus bens confiscados, enquanto os infratores dos costumes recebiam sentenças leves e raramente pena de morte.

Assim como na Inquisição medieval, a base sob a qual se apoiava a Inquisição moderna era a denúncia. Aceitavam-se denúncias de qualquer categoria de pessoas e mesmo cartas anônimas. O crédito das testemunhas dependia exclusivamente do arbítrio dos inquisidores. "Ouvir dizer" e "suposições" também eram considerados provas.

Quando um indivíduo era denunciado, um funcionário da Inquisição ia a sua casa, acompanhado pelo juiz do fisco, que sequestrava tudo que o suspeito possuía, antes mesmo de ter provas de sua culpa. Depois de prendê-lo, passava ferros e trancas nas portas da casa e ninguém mais podia entrar a não ser os funcionários da Inquisição. A família ficava na rua, sem abrigo, as crianças à mercê da caridade dos vizinhos, esperando que alguém as socorresse. Muitas vezes os filhos jamais reviam seus pais e famílias ficavam para sempre separadas, como aconteceu tantas vezes com os presos no Brasil. Outras vezes, a Inquisição mandava que se arrasasse a casa em que haviam morado o herege e sua família, para que não ficasse dele sinal sobre a terra. Os descendentes de um penitenciado pela Inquisição eram considerados infames por várias gerações e impedidos de qualquer participação na sociedade. É claro que essas medidas não foram sempre cumpridas, pois os cristãos-novos eram muitas vezes necessários, mas havia a lei, e podia ser aplicada sempre que se quisesse dela tirar proveito.

Um suspeito podia ser preso a qualquer momento, sem saber o que se queria dele. Nunca ficava conhecendo o nome de quem o acusou, nem lhe era comunicado o motivo de sua prisão, nem o lugar em que havia cometido o crime de que era acusado, nem com quem havia pecado. Com o tempo a Inquisição introduziu uma farsa, um advogado de defesa, mas este não podia examinar o processo, era escolhido pelos inquisidores, sendo um funcionário do Tribunal.

Todo réu, para salvar-se, tinha de confessar-se culpado, e acusar as pessoas de sua intimidade: pais, irmãos, parentes, amigos. Se não denunciasse a família, era considerado diminuto, isto é, estava escondendo cúmplices. Os inquisidores guiavam-se por uma lista de nomes, extraídos de denúncias anteriores, que o réu ignorava, mas aos quais devia referir-se, um por um. Caso não mencionasse todos os nomes, a confissão era considerada incompleta. Nesse caso, mandavam-no para a câmara de tortura. Confuso, no desespero de querer salvar-se, o réu prometia denunciar mais, e acusava todas as pessoas que conhecia: amigos de infância, pais, filhos, irmãos, parentes etc. Muitas vezes, atormentado pela sua consciência, arrependia-se de ter implicado inocentes e voltava à mesa inquisitorial para negar tudo. Com medo de ser queimado, pedia novamente para ser ouvido e ratificava as denúncias primeiras, implicando ainda mais gente. Debatia-se num labirinto sem saída. Quanto mais denúncias recebiam, mais satisfeitos ficavam os inquisidores. Assim, aumentava o número dos futuros réus e dos futuros confiscos. Os inquisidores sentiam-se legitimados como os verdadeiros defensores da sociedade, ameaçada continuamente por heresias e maus costumes. Ante o lema "crê ou morre", os portugueses padeciam as mais incríveis torturas morais. Muitas vezes enlouqueciam, outras vezes se matavam na prisão, e fazem parte do arquivo da Inquisição os "livros dos presos que enlouqueceram", "livros dos presos que se mataram na prisão" etc.

A tortura era aplicada sempre que se suspeitava de uma confissão incompleta ou quando a confissão era incongruente. Uma testemunha era suficiente para justificar o envio para a câmara do tormento. Quanto mais débil a evidência do crime, mais severa era a tortura. Os tormentos variavam. O Regimento de 1640 estabeleceu dois tipos de tortura: o potro, uma espécie de cama de ripas onde o réu era amarrado pelos pulsos e pelas pernas e, ao apertar-se um arrocho, cortavam-se-lhe as carnes; e a polé, quando o réu era suspenso no teto pelos pés, deixando-o cair em seguida, sem tocar o chão. No potro, graduava-se o tormento, apertando um após outro os membros. Na polé levantava-se o condenado a alturas diferentes, até a roldana, repetindo-se as quedas. Esse tormento, muitas vezes, deixava os réus aleijados, e para maior hipocrisia perante a sociedade, os inquisidores mandavam que não fosse aplicado nos últimos quinze dias antes de o réu sair no auto de fé, para que o povo não visse as marcas deixadas pela tortura. Antes do auto de fé, aplicava-se o potro, mas depois da sentença proferida no auto, voltando o réu para o cárcere, continuavam a aplicar qualquer tipo de tortura.

Na Espanha havia outros tormentos, como a *garucha*, chamado "tormento da água". O réu era colocado em uma espécie de bastidor, a cabeça mais baixa que os pés. Nos braços e pernas se amarravam cordas muito pesadas que lhes cortavam a carne. A boca tinha de manter-se forçosamente aberta e metia-se um trapo na garganta. Pingava-se sobre o trapo água de uma jarra, de maneira que nariz e garganta ficavam obstruídos e produzia-se um estado de asfixia. Os tipos de tortura variaram através dos séculos, mas até a segunda metade do século XVIII ainda eram aplicadas sistematicamente em Portugal.

A Inquisição tinha suas regras. Antes de ser torturado, o réu era examinado por um médico que avaliava quanto ele poderia suportar, e assinava um papel onde confirmava que, caso ficasse com os membros quebrados ou aleijados, a culpa não era dos inquisidores, mas dele próprio, por ter-se mantido pertinaz e escondido o nome de cúmplices. Muitos morreram durante a tortura. Após a sentença assinava outro papel, intitulado "Termo de Segredo", onde prometia guardar absoluto sigilo sobre tudo que se passara com ele durante o tempo de sua prisão, sob pena de ser novamente encarcerado. Velhos de oitenta anos, meninos de quinze, jovens de vinte, não importava a idade para se aplicar o tormento. Nos Tribunais medievais havia uma norma, de que não se podia repetir uma tortura. Mas na Espanha e em Portugal a segunda e terceira aplicações do tormento eram consideradas a continuação da primeira.

A pena de morte pela fogueira recebiam os réus que recusavam confessar-se culpados. Eram chamados contumazes, pois, negando, continuavam persistindo no crime. E também os "relapsos", que, já tendo sido condenados, tornavam a pecar. Nesse caso, voltando ao cárcere, recebiam a sentença de morte, que os inquisidores classificaram de "relaxado à justiça secular". Se no último momento, antes de se aplicar a pena de morte, o réu se dizia arrependido, e pedia para morrer na lei de Cristo, era primeiramente estrangulado e depois atirado na fogueira. Se, porém, persistia em dizer que queria morrer na lei de Moisés, era queimado vivo. Os que fugiam eram queimados "em efígie", isto é, simbolicamente, e substituídos por um boneco de pano, seus bens confiscados e seus descendentes considerados infames. Os que morriam no cárcere, antes do julgamento, tinham também os ossos entregues às chamas. Somente quando a sentença era de morte informava-se o réu com antecedência, em geral na véspera, para ter tempo de preparar sua alma, que os inquisidores iam salvar pela fogueira. Nos outros casos, a sentença era sempre dada durante os autos de fé.

Os inquisidores não aplicavam a pena capital com muita frequência, pois era mais conveniente ter os hereges presos, ou perambulando pelas ruas da cidade, ou confinados nas aldeias, para servirem de testemunho da grande e pia obra que realizava a Inquisição.

Em Portugal, praticamente todos os cristãos-novos condenados por "judaísmo" tiveram como sentença "cárcere e hábito penitencial perpétuo", e essa pena vinha acompanhando a "reconciliação". A Igreja o recebia de volta, mas o reconciliado tinha de ficar preso, ou nos cárceres da Inquisição, ou confinado em

Tortura na polé.

alguma aldeia próxima, contanto que periodicamente se apresentasse ao Tribunal e também usasse durante toda a vida o "hábito", que era o "sambenito", isto é, o chamado "saco bendito". Essa roupa já era utilizada pela Inquisição medieval e sua cor variava na Espanha e em Portugal conforme a qualidade dos hereges. Inicialmente, na Espanha o sambenito era de cor preta, mas esta cor ficou depois reservada para os obstinados e reincidentes, enquanto os outros usavam o sambenito de cor amarela, com a Cruz de Santo André vermelha bordada na espalda e no peito. Goya deixou na sua arte o testemunho de réus da Inquisição, vestidos de sambenito, com um chapéu pontudo na cabeça, com os quais se reduzia ao ridículo as criaturas humanas, expostas ao riso do povo. Na rua eram insultados e apedrejados pelas crianças, que deles debochavam como se fossem palhaços. Nem a família nem os amigos se comunicavam com um sambenitado, e ninguém lhe dava trabalho. Assim, depois de sair reconciliado com a Igreja, ter seus bens confiscados, o réu passava o resto de sua vida no cárcere, ou mendigando pelas ruas.

Depois de morto o sambenitado, essa roupa não era destruída, mas era colocada no alto de uma Igreja paroquial, para perpetuar a memória da vergonha de quem o levou e para que todos conhecessem a infâmia de seus descendentes. Quando o "hábito", ou "sambenito", ficava muito velho, era substituído por pedaços de pano amarelo com os nomes da família do delinquente. A Inquisição dava muita importância ao "sambenito" e, quando o inquisidor fazia inspeções periódicas em seus distritos, fiscalizava se os pedaços de pano estavam devidamente pendurados nas Igrejas. Assim, não importava a gravidade do crime, a Inquisição não absolvia jamais.

A condenação às galés foi uma punição nunca aplicada pela Inquisição medieval. Foi instituída por Fernando, na Espanha, que desta forma tinha uma gratuita mão de obra. As galés eram uma forma econômica de castigo, pois os Tribunais não precisavam manter os penitentes na prisão e o Estado não precisava contratar remadores. As galés eram uma espécie de pena de morte lenta. Em geral eram condenados a três ou cinco anos de galés, a que o réu dificilmente sobrevivia.

A flagelação era um castigo dos mais comuns. O indivíduo era açoitado através das ruas da cidade, despido até a cintura, muitas vezes montado num burro, enquanto as pessoas lhe atiravam pedras e detritos. Mulheres de qualquer idade, meninas de 13 anos, velhos de 80 receberam pena de flagelo público. Quando a pena era de açoites, o máximo que se devia aplicar eram 20 golpes, mas na prática ultrapassava-se de longe esse número. Assim, em Valência, em 1607, um velho de oitenta e seis anos e uma menina de treze receberam cem açoites.

Os autos de fé

Os autos de fé eram enormes festas populares. Havia os autos de fé públicos e os particulares, reservados para os casos menos graves, ou especiais, como quando devia ser julgada uma pessoa pertencente à alta nobreza. Os autos públicos eram muito dispendiosos e realizavam-se em geral uma vez por ano. Construíam-se estrados, utilizava-se mobiliário, decorações. Os autos de fé duravam o dia todo e às vezes, quando o número de réus era muito alto, estendiam-se até altas horas da noite, chegando mesmo até o dia seguinte. À medida que os anos passavam, os autos de fé aumentavam seu caráter festivo e sua ostentação. Compareciam o rei, os infantes, toda a corte, e quando havia um visitante ilustre na cidade era convidado de honra. Voltando a seu país, muitos relatavam com aversão a cerimônia que presenciaram.

Durante o auto de fé, os réus ouviam suas sentenças. Os condenados a morrer na fogueira, depois da cerimônia eram transportados para o lugar onde se erguia o queimadeiro.

O auto de fé começava com a procissão seguida de uma missa. O sermão tinha uma importância toda especial, e o pregador era sempre escolhido entre os mais distinguidos membros do clero. Apesar de esses sermões serem dirigidos contra os hereges em geral

– inclusive os sodomitas, feiticeiras, bígamos etc. –, é sempre o judeu que aparece. Os sermões foram agentes de propaganda eficientes, pois inculcavam na massa da população não apenas o ódio aos cristãos-novos hereges, mas o ódio aos judeus e à religião judaica. O pregador não se referia aos cristãos-novos que, sendo batizados, haviam praticado a heresia judaica, mas falava sempre contra todo o povo judeu, podendo ser considerado como um agente de propaganda antissemita do tempo.

O auto de fé era celebrado com enorme pompa. Comprava-se a participação do povo com a promessa de que quem assistisse ao auto de fé ganhava quarenta dias de indulgência. O povo era avisado com um mês de antecedência. Na noite anterior ao auto fazia-se uma procissão através das ruas da cidade, até a praça em que se havia montado o tablado. Em cima do altar depositava-se o emblema da Inquisição. Os réus passavam a noite da véspera do auto na capela da prisão do Santo Ofício.

Nas primeiras horas da manhã, reuniam-se novamente os condenados nas suas celas, e eram vestidos com os sambenitos. Formavam a procissão. No lugar dos presos que haviam fugido ou morrido, erguiam-se suas efígies, que eram queimadas na frente do povo para que seus filhos carregassem a marca da vergonha. Muitas vezes os autos de fé eram realizados para comemorar um casamento real ou em homenagem a visitas oficiais.

A municipalidade, a nobreza, todos os ricos contribuíam para a cerimônia. Na praça Maior de Madri, ou na praça do Comércio ou no Rocio, em Lisboa, armavam-se as arquibancadas. As mais altas reservadas para a nobreza, outras para o clero e outra para os inquisidores. As mulheres traziam suas mais belas toaletes, enfeitadas de ricas joias.

O povo levava alimentos e quitutes como para um piquenique. Abria-se o auto com uma missa solene na igreja da Inquisição e os sinos de toda a cidade anunciavam a partida da procissão da Cruz do Santo Ofício. Os homens mais notáveis, os funcionários, as autoridades civis e religiosas, os "grandes" do reino desfilavam pelas ruas. Os réus caminhavam numa fila, através da praça principal, numa longa procissão. Quando aplicava a pena de morte, a Inquisição utilizava-se de uma artimanha que denota toda a sua hipocrisia: entregava o réu à justiça secular, isto é, aos funcionários da coroa, que o matavam, já que a Igreja não podia derramar sangue.

Das aldeias mais distantes chegavam curiosos durante todo o dia. Apinhavam-se uns sobre os outros para ver melhor as roupas, toaletes, cabelos das condessas, das princesas, das nobres damas da corte. Depois de dadas as sentenças, o povo corria para o queimadeiro, para ver como se salvavam as almas.

Em Portugal e na Espanha, a Inquisição converteu-se em um poderosíssimo Estado dentro do Estado. Houve tempos em que sua ação foi mais branda e houve períodos de enorme ferocidade. Avaliar com precisão quantas pessoas foram penitenciadas e condenadas pela Inquisição moderna na Espanha e em Portugal e suas colônias de ultramar é tarefa praticamente impossível. Milhares de processos que se acumulam nos arquivos da Inquisição ainda não foram pesquisados. As estimativas dadas pelos autores no passado são apenas suposições e já se encontram ultrapassadas. Além de milhares de processos, ter-se-ia de contar também os que morreram nos cárceres, os que se mataram enquanto aguardavam o julgamento, os que enlouqueceram etc. Também o número total dos autos de fé em Portugal ainda não é conhecido. Oliveira Marques dá alguns dados que são também suposições[*]. De 1543 a 1684 a Inquisição de Portugal queimou em autos de fé pelo menos 1.379 pessoas, uma média de dez por ano, e condenou 19.247 pessoas, numa média de cento e trinta e seis por ano. De 1684 a 1747 foram sentenciadas 4.672 pessoas e 146

---

[*] Ver também Mendonça, José Lourenço e Moreira, Antônio Joaquim. História dos principais actos e procedimentos da Inquisição em Portugal. (Lisboa, Casa da Moeda, 1980).

queimadas. Na década de 1704 a 1713 foram sentenciadas 1.392 pessoas (cento e trinta e nove por ano) e 17 executadas. De 1724 a 1733 morreram 22 pessoas e 1.070 foram condenadas. De 1734 a 1743 o número de execuções subiu a 51, e de 1750 a 1759, já no tempo do marquês de Pombal, 18 foram queimadas e mais de mil foram penitenciadas. Segundo Cecil Roth, a Inquisição portuguesa processou 40.000 pessoas, queimou 1.808 (633 em efígie), condenou 29.590. A Inquisição de Goa processou 3.800 pessoas em 82 autos de fé.

Desde o estabelecimento do Tribunal na Espanha, em 1480, até 1808, foram queimados 31.912 hereges (em efígie 17.659). Foram penitenciadas 291.450 pessoas, num total de 341.021. De 1780 até 1820 houve cerca de 5.000 processados.

Todos esses dados são aproximados e com o avanço das pesquisas devem ser renovados. Autores que procuram justificar a Inquisição referem-se aos números relativamente baixos de condenados, e dizem que os tribunais civis eram tão ou mais severos, e mataram mais gente.

O problema da Inquisição, parece-nos, não está no "número" de pessoas que penitenciou, mas na influência, no caráter da instituição, com seus milhares de agentes secretos infiltrados entre a massa do povo. Está também na sociedade que criou, dividida entre puros

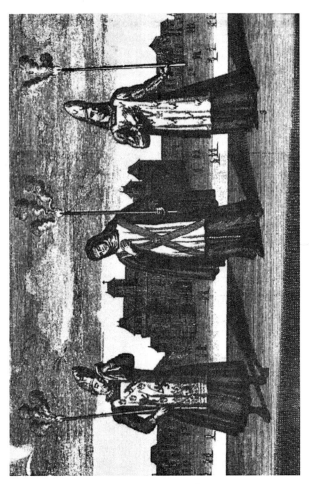

Condenados com sambenito.

Condenados com sambenito.

e impuros, fiéis e suspeitos, na mutilação não só física, como a do poeta Antônio Serrão de Castro, que depois de sair da prisão não mais podia usar as mãos, mas na mutilação mental; na mentalidade preconceituosa e conservadora que marcou durante séculos as nações ibéricas.

Há muitas formas de matar. A Inquisição degradou milhares de criaturas à situação de párias, criou colaboracionistas, gratificou a delação e transformou, como disse o poeta Antero de Quental, a hipocrisia num vício nacional.

E, com a aplicação dos estatutos de pureza de sangue, antecipou de 400 anos o racismo do século XX.

Inquisição na América espanhola e no Brasil

A América Latina nasceu sob a égide da discriminação racial e do preconceito religioso.

Durante toda a época colonial, foram sucessivamente promulgadas leis proibindo a entrada no Novo Mundo de "impuros de sangue" e praticantes de qualquer religião que não fosse o catolicismo. Segundo a cédula de 1539, não podia passar para as Índias de Castela nenhum reconciliado, nem filho ou neto de penitenciado por heresia ou apostasia. Contudo, os imperativos do tempo foram mais fortes que as leis e decretos, e os cristãos-novos, conversos, hereges e dissidentes procuraram

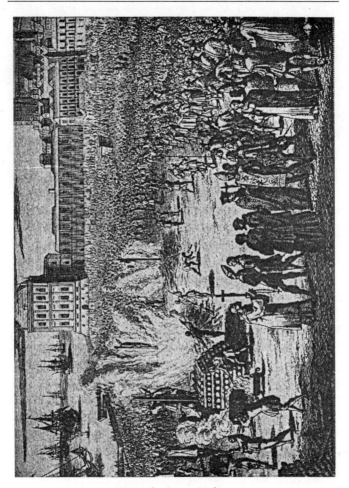

Auto de fé em Lisboa.

na América espanhola e lusitana melhores condições de vida.

A Inquisição estendeu muito cedo suas atividades sobre a América. Com a segunda armada de Colombo, em fins de 1493, frei Bernardo Buil, que imediatamente exigiu o estabelecimento do Santo Ofício, escandalizado com os costumes livres e a libertinagem, inclusive do próprio clero. Inicialmente, os superiores eclesiásticos exerciam a vigilância "ordinária" em matéria de fé e costumes, pois a escassez de homens brancos nas Índias não justificava ainda a criação de um organismo mais complexo. Quando se estabeleceu a primeira diocese, seu titular foi encarregado pela Inquisição espanhola de agir, em questões de crença religiosa, como representante "delegado" do Santo Ofício, e em 1509 já havia inquisidores apostólicos nas colônias americanas, apontados pelo Supremo Tribunal da Espanha.

O primeiro auto de fé que se realizou na América foi no México, em 1528. Foram penitenciados três judaizantes, sendo um deles "conquistador", companheiro de Cortês. Num auto em 8 de dezembro de 1596, saíram 66 penitenciados, sendo 41 acusados de judaísmo, 22 reconciliados, 10 queimados em efígie e 9 queimados em carne. Entre estes se encontrava o governador da província de Nova León, Luís de Carvajal, que, como herege judaizante, foi atirado ao fogo, juntamente com sua mãe e cinco irmãs. Nos 25 anos seguintes foram penitenciadas 879 pessoas.

O Novo Mundo teve três Tribunais, oficialmente estabelecidos, sob os moldes dos espanhóis: o do Peru, introduzido em 1570; o do México, em 1571; e o de Cartagena (hoje Colômbia), em 1610. A vigilância sobre as demais regiões do território americano era feita pelos comissários, espécie de agentes da Inquisição, que fiscalizavam o comportamento da população, contando com uma vasta rede de espiões, os "familiares". Os comissários eram sempre eclesiásticos, letrados quando possível, obrigatoriamente puros de sangue. Obedeciam a uma *Instrución*, e tinham autorização para prender e enviar os casos mais graves para a sede dos Tribunais. Como todos os funcionários da Inquisição, gozavam de enormes privilégios, não eram julgados pelos tribunais civis e não pagavam impostos. Esses três Tribunais funcionaram durante todo o período colonial, e cada um deles tinha, além de numerosos funcionários, dois inquisidores.

Os Tribunais da América, assim como os Tribunais do Reino utilizavam o tormento para obter as confissões e delações dos réus, sendo que homens e mulheres de todas as idades eram submetidos a tortura. Os cárceres de Lima, com os aparelhos de suplício, permanecem ainda hoje abertos à visitação pública.

Nos Tribunais de Lima e do México, a maior parte dos condenados era constituída de portugueses, que penetraram nesses territórios ilegalmente, pois, mesmo durante a união das coroas espanhola e portuguesa, a Espanha proibia a entrada dos portugueses em seus reinos sem uma autorização especial. Esses portugueses foram acusados do crime de "judaísmo", sendo de notar que foram os que receberam as penas mais severas. Queimaram-se também muitos portugueses acusados de outras heresias como feitiçaria, bigamia, blasfêmia etc. O Tribunal de Cartagena salientou-se principalmente pela perseguição às feiticeiras.

A mais intensa atividade da Inquisição no México se deu em torno do ano de 1649, quando se realizou o maior auto de fé fora da Península Ibérica. Saíram nesse auto 109 penitenciados, dos quais 13 foram queimados. Em Lima, o maior auto de fé deu-se em 1635, e nele ouviram suas sentenças 81 pessoas, a maior parte mercadores portugueses. Sete foram queimados vivos.

A Inquisição na América espanhola foi, como a de Goa e dos reinos, uma instituição orientada para determinados fins políticos e econômicos. Os portugueses, o principal elemento visado pela Inquisição espanhola, eram considerados inimigos políticos da Espanha, e seus rivais econômicos na disputa pelas riquezas do Novo Mundo. O Tribunal de Lima foi abolido em

1820, o de Cartagena em 1821 e o do México com a derrota do absolutismo espanhol.

A história do Brasil, como a de outras nações, está cheia de mitos e inverdades. Um desses mitos no qual os brasileiros acreditaram durante gerações, foi o de que não houve ação inquisitorial nem política racista no Brasil. Hoje sabemos que a Inquisição interferiu profundamente na vida colonial durante mais de dois séculos, atingiu as regiões mais distantes e perseguiu portugueses residentes no Brasil e brasileiros natos, do Amazonas até a colônia do Sacramento, e as leis racistas estão textualmente registradas na legislação portuguesa.

A Inquisição iniciou suas atividades na colônia brasileira alguns anos mais tarde que nas espanholas, porque as riquezas no Brasil ainda não compensavam as despesas de uma vigilância maior.

Inicialmente, o trabalho árduo, com poucas recompensas imediatas, o perigo das viagens, a hostilidade dos índios, as doenças foram fatores que não estimularam a vinda de portugueses. Nesse tempo, a política imigratória é ainda relativamente tolerante. Havia necessidade de povoar. Vieram estrangeiros, holandeses, ingleses, franceses que viajavam livremente pelo território. O próprio D. Manuel, não sabendo o que fazer com o Brasil, arrendou-o a um grupo de mercadores cristãos-novos, que foram os primeiros a explorar o país economicamente.

O Regimento trazido por Tomé de Souza era bastante maleável e a vida familiar na colônia decorria sem interferência das autoridades nos comportamentos nem nos credos religiosos. Temos notícias de cristãos-novos que praticavam livremente o judaísmo em São Vicente na primeira metade do século XVI. Depois do estabelecimento da Inquisição em Portugal, em 1536, começa a chegar um maior número de fugitivos e desterrados por motivos religiosos.

A lavoura açucareira progrediu, os colonos enriqueceram e o Brasil tornou-se o maior produtor de açúcar do mundo. Quando Filipe II da Espanha incluiu Portugal entre seus domínios, em 1580, reforçou por razões políticas o Tribunal da Inquisição, e a perseguição às heresias também se intensificou. As denúncias sobre as infrações religiosas na colônia chegavam ininterruptamente aos ouvidos dos inquisidores, assim como as notícias sobre a riqueza dos colonos. Agentes inquisitoriais foram enviados para o Brasil, visitadores, comissários e familiares, para investigar e prender os suspeitos de heresias. Apesar de em 1580 o Santo Ofício já ter delegado poderes inquisitoriais ao bispo da Bahia, para enviar os hereges a Lisboa, foi somente em 1591 que o arquiduque da Áustria, governador e inquisidor em Portugal, nomeou um visitador, Heitor Furtado de Mendonça, para ir a São Tomé, Cabo Verde e Brasil, inquirir *in loco* os habitantes e iniciar os processos inquisitoriais. Esse visitador ficou no Brasil de 1591 a 1595, inquirindo primeiro na Bahia e em seguida em Pernambuco, e registrou em seus nove livros numerosas confissões e denunciações. Depois de se apresentar com toda a pompa habitual, centralizou o seu trabalho no colégio da Companhia de Jesus em Salvador. Concedeu à população, como era costume, 30 dias, chamados "tempo de graça", durante os quais os confessos e os denunciantes tinham seus pecados absolvidos. Perante o visitador são apresentadas as mais variadas heresias, feitiçarias, bruxarias, sodomia, bigamia, blasfêmias, desacatos, e os crimes de religião: judaísmo, luteranismo e crendices populares.

O judaísmo, de que foram acusados os cristãos-novos, constituía em seguir os costumes e rituais tradicionais da religião judaica. As práticas que aparecem na colônia com mais frequência são "guardar os sábados, não comer carne de porco, fazer jejum no chamado dia grande do perdão, colocar roupa limpa nas camas e mesas nas sextas-feiras à noite, vestir as melhores roupas nos dias santificados e enterrar seus mortos segundo ritual judaico". Encontramos famílias como Antunes, Leão Lopes Ulhoa, Nunes etc., implicadas nesses crimes.

Em 1593, terminando seu trabalho na Bahia, o visitador passou para Pernambuco, onde recebeu as confissões e denunciações dos moradores. Apenas como exemplo, num desses livros, o de Confissões de Pernambuco (1594-1595), editado por José Gonçalves de Meio, aparecem mencionadas 62 pessoas, das quais 51 homens e 11 mulheres. A maioria, quarenta e dois, eram cristãos-velhos; doze cristãos-novos; oito declararam não conhecer sua origem. Nesse período apenas 16 são nascidos no Brasil. Confessaram as seguintes culpas: blasfêmia 40, sodomia 6, bigamia 3, práticas judaizantes 4 e práticas luteranas 8.

Em 1618, a Inquisição mandou novamente um visitador para a Bahia. Compareceram perante ele no tempo da graça 55 confidentes, dos quais 50 eram homens e apenas 5 mulheres; 29 eram cristãos-velhos, 21 cristãos-novos, 1 judeu e 3 de origem ignorada. A maioria era nascida em Portugal e tinham as mais diversas profissões. Confessaram: culpas de adultério 2, blasfêmia 12, comer carne na quaresma 2, comer antes da confissão 1, concordar com a prostituição 1, desacatar a missa 1, não fazer a comunhão 6, feitiçaria 5, heresia (não explicam) 2, judaísmo 5, ler livros proibidos 1, não deixar a mulher confessar 1, sodomia 13, culpa não declarada 1 e testemunhas de heresia 2. Em 1620, no segundo tempo da graça, compareceram 7 confidentes, 6 homens e uma mulher, 5 cristãos-velhos e 2 cristãos-novos. Confessaram sodomia 3, feitiçaria 1, quebrar o juramento 1, blasfêmia 1, negar a validade de auto de fé 1. Trinta e sete denunciantes apresentaram-se nesse mesmo período na Bahia, 36 homens e 1 mulher. Cristãos-velhos 30, cristãos-novos 5, mouro 1, e ignorado 1. Os crimes denunciados foram: blasfêmia 6, adultérios 2, heresia 5 (sem especificar), judaísmo 19, ler livros proibidos 3, sodomia 6 e falar mal do Santo Ofício 1.

Inquirições ordenadas pelo Tribunal foram comuns no Brasil durante todo o período colonial. Em 1646 foi realizado um Auto de Inquirição, ordenado pelos inquisidores que tinham recebido denúncias de que a população cristã-nova era muito rica, dona de quase todos os engenhos, e que as heresias grassavam por todo o Estado. O provincial da Companhia de Jesus foi responsabilizado por essa Inquirição, mas se encontrando ausente foi auxiliado pelo clero local, que inquiriu 120 testemunhas, que denunciaram 85 judaizantes, 18 feiticeiros (4 homens e 14 mulheres) e 16 somitigos. Dos denunciados nessas visitações e inquirições, diversos foram presos. Alguns foram queimados, os judaizantes receberam principalmente a sentença de cárcere e hábito penitencial perpétuo, e os restantes, penas mais leves. A maior parte dos hereges brasileiros penitenciados no século XVII era da Bahia, então capital da colônia.

A liberdade em que vivia a população brasileira inquietou a Igreja e a coroa. Felipe IV, em 1621, dirigiu uma carta ao bispo inquisidor-mor D. Fernão Martins Mascarenhas, explicando-lhe que seria importante para o serviço de Deus e del rei que houvesse naquele estado alguns oficiais da Inquisição residentes. O inquisidor entusiasmado responde-lhe, em carta, que devia haver na Bahia um Tribunal da Inquisição, com inquisidor, deputado, promotor, meirinho e alcaide, mostrando-lhe ainda as vantagens que teria a coroa, pois os presos daquelas partes eram ricos e podiam cobrir todas as despesas que se fizessem.

Apesar de este assunto ter sido uma das preocupações constantes dos inquisidores e da coroa, um Tribunal nunca foi introduzido no Brasil, e os presos brasileiros foram até o século XIX julgados pela Inquisição em Lisboa.

O auge de perseguições inquisitoriais no Brasil deu-se na primeira metade do século XVIII, quando a produção do ouro dominava a economia colonial. Nessa ocasião a maior parte dos prisioneiros era composta de cristãos-novos do Rio de Janeiro. Aproximadamente 1.076 colonos, entre homens e mulheres, foram levados para os cárceres da Inquisição em Portugal.

Na Paraíba, por exemplo, havia uma importante comunidade criptojudia, constituída principalmente de lavradores de cana. Entre 1729 e 1736 a Inquisição prendeu um total de 55, sendo 51 cristãos-novos, que foram processados em Lisboa, sendo uma das mulheres, Guiomar Nunes, queimada.

Interessante é que praticamente a metade dos prisioneiros brasileiros cristãos-novos no século XVIII eram mulheres, que representaram um importante papel na transmissão da heresia.

Investidas contínuas foram feitas pela Inquisição, no correr do século, também em outras regiões menos prósperas. Assim, no Maranhão, em 1731, realizou-se sob ordem dos inquisidores uma Inquirição na qual as principais infrações foram a bruxaria, feitiçarias, blasfêmias etc. No Pará, em 1763, houve uma Visitação em que também sobressaíram as feiticeiras, blasfemos, curandeiros, sodomitas, bígamos, sendo ao todo implicadas 485 pessoas.

Praticamente todos os cristãos-novos presos no Rio de Janeiro pela Inquisição durante o século XVIII eram brasileiros natos, e alguns com antepassados que haviam chegado no século XVI. Em geral os cristãos-novos pertenciam a todas as camadas sociais. Governadores, como Miguel Teles da Costa, padres, como Manuel Lopes de Carvalho, médicos, como Antônio Ribeiro Sanches, poetas, legistas, boticários, grandes mercadores e pequenos comerciantes, militares, senhores de engenho, mineiros, lavradores, religiosos e artesãos, além de outros cidadãos pertencentes às camadas mais pobres.

Fenômeno curioso no Brasil foi o elevado número de membros do clero presos pela Inquisição. Podemos dizer que há uma longa tradição herética entre o clero brasileiro, que remonta aos tempos coloniais. Foram acusados dos mais diversos crimes, inclusive críticas aos dogmas, à Inquisição e às autoridades da Igreja. Podemos dizer que muitos deles pertenciam aos círculos mais esclarecidos da colônia.

A "Santa" Inquisição na Espanha e em Portugal apoiou-se no mito que divulgou sobre sua própria infalibilidade. Os teólogos e membros da Igreja católica que se opuseram à sua mensagem, a seus dogmas foram banidos da sociedade, mas os seus processos ficaram e nos servem como testemunhos. Um exemplo de coragem na defesa de ideias que diferiam das impostas pela Igreja foi a do brasileiro padre Manoel Lopes de Carvalho, nascido na Bahia e queimado pela Inquisição de Lisboa em 1726, aos 45 anos de idade. De certa forma podemos dizer que o Brasil teve nele o seu Giordano Bruno. Até o último momento antes de sua execução, o padre Lopes de Carvalho não colaborou com os inquisidores, que ardorosamente queriam convencê-lo de seus erros. E antes de ser queimado, depois de passar anos na prisão e sofrer a tortura nos cárceres do Santo Ofício, expressou nas suas últimas palavras, seu desengano com a Igreja católica: "Quando aqui entrei eu tinha dúvidas, hoje tenho certezas".

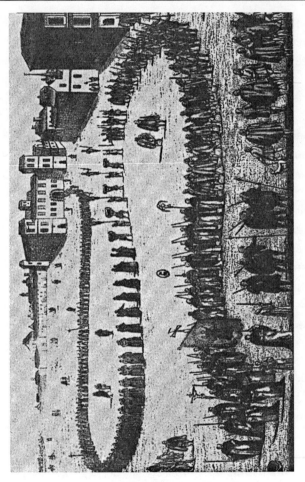

Procissão.

Procissão de auto de fé em Lisboa.

O espírito do Santo Ofício da Inquisição continua?

O Santo Ofício da Inquisição, que queimou Giordano Bruno e perseguiu Galileu, passou a denominar-se Sagrada Congregação para a Doutrina da Fé. Esta Congregação advertiu e puniu numerosos teólogos contemporâneos, que têm questionado diferentes aspectos da doutrina católica e a infalibilidade da Igreja. Todas as medidas restritivas receberam a aprovação do papa João Paulo II.

Os principais teólogos acusados de heresia foram: Edward Schillebeeckx, professor de Teologia da Universidade Católica de Nijmaegen, Holanda, e Hans Küng, professor de Dogma e Teologia Ecumênica da Universidade do Estado, Tubingen, Alemanha Ocidental. No Brasil foi acusado e punido o teólogo Frei Leonardo Boff.

Desde 1957 Hans Küng entrou em choque com o Vaticano, por ter posto em dúvida a infalibilidade da Igreja e criticado a debilidade da doutrina papal sobre o controle da natalidade. Küng acredita que a Igreja "devia deixar a infalibilidade para Deus..., e que a Igreja devia aprender por seus próprios erros". Chamado a Roma em 1971, para justificar as suas ideias, respondeu que só iria se pudesse ver todo o seu processo e escolher seus próprios advogados. A Congregação recusou. Nessa atitude vemos a repetição do procedimento da Inquisição ibérica, na qual os réus não tinham conhecimento do seu processo e os únicos advogados admitidos eram homens internos da Inquisição. O próprio Küng acusou os membros da Congregação de agirem de acordo com o espírito da Inquisição. Küng também foi punido por dizer que a ressurreição não podia ser um acontecimento histórico, a virgindade de Maria era uma lenda, que não se devia identificar Jesus com Deus e que Jesus nunca se intitulou Messias. O próprio papa João Paulo II, em 18 de dezembro de 1979, declarou que Hans Küng, nos seus escritos, afastou-se da verdade integral da fé católica e portanto não podia mais ser considerado um teólogo católico, nem atuar como tal num papel de professor.

Os crimes contra a moral, que foram sempre preocupação central da Igreja, e deram motivo à constante perseguição pela Inquisição espanhola e portuguesa, também recebem atualmente, da Congregação para a Doutrina da Fé, um especial interesse. Autores como o reverendo Charles Curran, professor de Teologia Moral da Universidade Católica de Washington, D.C., autor de *Sexual and Medial Ethics* e *Tradition in Moral Theology* (Notre Dame University Press, 1978 e 1979, respectivamente), o jesuíta John J. Mc Neill, autor da obra *The Church and the Homossexual* (Sheed, Andrews and McMeel, 1976) e o reverendo Anthony Rosnik, coautor de *Human Sexuality: New Directions in American Though* (Paulist Press, 1977), foram seriamente advertidos e criticados pela Congregação.

Os pensadores religiosos estão divididos hoje, como estiveram divididos durante a Inquisição ibérica.

Considerações finais

Os historiadores contemporâneos debatem-se com a questão: em que medida a Inquisição foi responsável pelo declínio da Espanha e de Portugal. A nosso ver, a Inquisição não é apenas uma das causas que levaram a esse declínio econômico e cultural, mas seu próprio estabelecimento já é uma prova de que as nações peninsulares estavam nos limiares de um processo de decadência. As riquezas e a falsa grandiosidade que as nações ibéricas usufruíram nos séculos seguintes provieram de outra fonte, o Novo Mundo, cuja descoberta foi consequência de uma Península Ibérica medieval excepcionalmente criativa, livre e original. No início do século

XVI, o eco das glórias passadas ainda se fazia ouvir nas ciências e nas artes, apesar da Inquisição. Mas, aos poucos, as Universidades de Salamanca, Alcalá, Coimbra, Évora, que antes estiveram abertas a todos, acabam tornando-se um círculo exclusivo de "limpos". Perderam seu caráter democrático e se transformaram em escolas para os aristocratas. Em fins do século, as faculdades de medicina que foram famosas na Espanha, por causa das tradições dos árabes e judeus, já estão em decadência, e o espírito de pesquisa vem associado à heresia. Os estudos de física, biologia, medicina, agricultura, matemática ficaram inteiramente paralisados durante gerações. Cientistas portugueses como Davi de Castro Sarmento e Antônio Nunes Ribeiro Sanches, perseguidos pela Inquisição, tiveram de se expatriar. O primeiro tornou-se membro da Real Academia de Medicina da Inglaterra e o segundo, conhecido humanista, tornou-se médico particular de Catarina II da Rússia. Permaneceu Portugal num vazio cultural, ocupado pelos "castiços", pelos "puritanos", pelos "limpos de sangue". A Inquisição certamente teve sua responsabilidade, apesar de a perseguição às minorias raciais ter começado muito tempo antes do seu estabelecimento.

Olhando retrospectivamente para Portugal, durante os três séculos, podemos dizer que a Inquisição, com o apoio do Estado, atacando os cristãos-novos, que constituíam uma fração importantíssima da classe média, impediu o desenvolvimento do capitalismo comercial. A burguesia portuguesa, que nasceu cheia de dinamismo e criatividade (Pero Nunes, Garcia da Horta), foi castrada pela Inquisição. Os importantes homens de negócios portugueses tiravam seus capitais de Portugal e das colônias, e os aplicavam em outras regiões, principalmente no norte da Europa no século XVII, e na Inglaterra no século XVIII.

Criando condições impossíveis de vida, a Inquisição forçou a emigração de milhares de portugueses, que foram contribuir para o enriquecimento material e cultural de outras nações. Também não é simples coincidência que importantes movimentos heréticos, que nasceram e floresceram na Holanda (sabateanos), na Grécia (*donmeh*) e em outras partes do mundo, estivessem ligados aos círculos portugueses. A Inquisição bloqueou o desenvolvimento econômico de Portugal, não lhe permitiu acompanhar o progresso das outras nações e transformou o país, que foi um dos pioneiros da ciência náutica e no humanismo, numa nação subdesenvolvida. As consequências dessa política do Estado e da Igreja atuaram obviamente sobre o destino do Brasil.

Todo o sistema de dogmas que se impunha aos povos português e espanhol respondia de um lado aos interesses materiais e ideais das elites dirigentes: coroa, nobreza e clero, e de outro aos interesses dos próprios inquisidores, agentes internos do campo religioso. Havia uma relação direta entre a crença religiosa e a estrutura do poder.

A Igreja obrigava o povo a seguir determinadas normas. Para obter uniformidade de comportamento a fiscalização da Inquisição foi importante. Obrigava à obediência sob ameaças, e prometia a compensação aos que colaboravam com o sistema. A massa do povo tinha interesse em servir o sacerdócio, os agentes do Tribunal, que lhe prometiam tantos bens de salvação, como a absolvição dos pecados, a salvação da alma, o paraíso. A Inquisição introduziu nova promessa de redenção, mas por um preço: a denúncia. O povo ansiava por essa redenção que lhe vinha através de um ritual de purificação: os autos de fé. Mas essa redenção requeria sacrifício, pobreza, penas espirituais e materiais, abstinência. Denunciando e assistindo aos autos de fé, os cristãos-velhos pecadores saíam aliviados de uma angústia existencial, do medo, da doença, do sofrimento. A Inquisição servia de garantia para a salvação e a religião era o bálsamo que fornecia um sistema de justificativas para suas miseráveis vidas. A ideologia religiosa respondia às necessidades do povo oprimido por longas epidemias, pela fome, pela miséria. Através da religião recebia uma mensagem coerente do mundo, esse mundo cheio de pecados e heresias.

A Inquisição foi a maior empresa do país e estava organizada em moldes burocráticos. O alto clero, os inquisidores e os agentes do Tribunal eram investidos de todo poder, autodelegavam-se juízes de toda a sociedade. A ética religiosa destinada a regular toda a vida quotidiana dos fiéis era transmitida pelo clero, sob a vigilância da Inquisição. Toda visão de mundo nova, diferente, toda proposição de mudanças sociais era combatida e ameaçada pela Inquisição. As reivindicações dos cristãos-novos e dos cristãos-velhos esclarecidos, que contestavam a estrutura social, a discriminação e os dogmas da Igreja, eram vistas como ameaças ao próprio sistema, pois contestavam a tradição dominante.

Os cristãos-novos ou conversos eram portadores de uma outra ideologia e, vivendo numa sociedade fechada, alimentavam-se das velhas tradições judaicas que eram transmitidas oralmente, de geração em geração. Apegavam-se assim a uma mensagem que não vinha do sacerdócio oficial, e que era considerada herética.

A Inquisição conseguiu impor-se durante tantos séculos e com tal força porque estava em união com o poder político. Era a confirmação da ética católica e da doutrina da salvação e estava em harmonia com a posição social dos cristãos-velhos, em rivalidade com a classe média cristã-nova.

O Tribunal da Inquisição na Península Ibérica utilizou a religião para legitimar a ordem arbitrária sobre a qual se apoiava o sistema político de dominação e no qual não havia lugar para os judeus, cristãos-novos, muçulmanos, negros, mulatos, ciganos, heterodoxos ou contestadores de qualquer espécie.

Por meio de seu sistema de ameaças, de suas técnicas de perseguição e da tortura, a Inquisição garantiu a continuidade da estrutura social do antigo regime e a religião preencheu sua função político-ideológica.

Indicações para leitura

Azevedo, João Lúcio de – *História dos cristãos-novos portugueses*. Lisboa, Liv. Clássica Editora, 1922.

Baião, Antonio – *Episódios dramáticos da Inquisição portuguesa*, 3 tomos, Porto, Editora Renascença Portuguesa, s.d.

Benazzi, Natale et d'Amico, Matteo (org) - *Le Livre Noir de L'Inquisition*. Paris, Fayard, 1998.

Bethencourt, Francisco – *História das Inquisições: Portugal, Espanha e Itália (séculos XV-XIX)*. São Paulo, Editora Companhia das Letras, 2000.

Calainho, Daniela – *Agentes da Fé – Familiares da Inquisição portuguesa no Brasil Colonial*. Bauru, São Paulo, EDUSC, 2006.

Cunha, Ana Cannas da – *A Inquisição no Estado da Índia – Origens (1539-1560)*. Lisboa, Arquivos Nacionais/Torre do Tombo, 1995.

Eymerich, Nicolas – *Manuel des inquisiteurs*. Introduction, traduction et notes de Louis Sala-Molins. Paris, Ed. Mouton et École Pratique des Hautes Études, 1973.

Feitler, Bruno – *Nas malhas da consciência: Igreja e Inquisição no Brasil. Nordeste, 1640-1750*. São Paulo, Alameda/Phoebus, 2007.

Freire, Pedro Lupina – "Notícias recônditas do modo de proceder da Inquisição com seus presos" In *Obras Escolhidas do Padre Antonio Vieira IV, Obras Várias II*. Lisboa, Editora Sá da Costa, 1952.

Gorenstein, Lina e Carneiro, Maria Luiza Tucci – *Ensaios sobre a intolerância: Inquisição, marranismo e antissemitismo*. São Paulo, Editora Humanitas, 2002.

Gorenstein, Lina – *A Inquisição contra as mulheres*. São Paulo, Editora Humanitas, 2005.

Gorenstein, Lina – *Heréticos e impuros – a Inquisição e os cristãos-novos no Rio de Janeiro, século XVIII*. Rio de Janeiro, Secretaria Municipal de Cultura, Departamento Geral de Documentação e Informação Cultural, Divisão de Editoração, 1995.

Gorenstein, Lina – *A Inquisição contra as mulheres. Rio de Janeiro, séculos XVII e XVIII*. São Paulo, Associação Editorial Humanitas: FAPESP. 2005.

Herculano, Alexandre – *História da origem e estabelecimento da Inquisição em Portugal* (Introdução de Jorge Borges de

Macedo) 3 tomos. Lisboa, Editora Livraria Bertrand, 1975.

Inquisição: Ensaios sobre Mentalidade, Heresias e Arte. São Paulo, Editora Universidade de São Paulo, 1992:703-739.

Kayserling, Mayer – *História dos judeus em Portugal*. Tradução Anita Novinsky e Gabriele B.C. da Silva. São Paulo, Editora Pioneira e Editora da Universidade de São Paulo, 1971.

Lapa, José Roberto Amaral – *Livro da visitação do Santo Oficio da Inquisição ao Estado do Grão-Pará, 1763-1769*. Rio de Janeiro, Editora Vozes, 1978.

Lea, Henry Charles – *Los judíos bajo la Inquisión en Hispano América*. Buenos Aires, Editora Dédalo, 1960.

Liebman, Seymour B. – *Los judíos en México y América Central*. Editora Siglo Ventiuno SA, 1971.

Lipiner, Elias – *Os judaizantes nas capitanias de cima*. São Paulo, Editora Brasiliense, 1969.

Lewin, Bolelslao - *El Santo Oficio en América*. Buenos Aires, Editora Sociedade Hebraica Argentina, 1950.

Llorente, Juan Antonio – A *critical history of the Inquisition of Spain*. Ed. John.

Llorente, Miguel Pinta – *La Inquisicion española y los problemas de la cultura y de la intolerancia*. Madri, Editora Cultura Hispánica, 1953.

Mea, Elvira Cunha de Azevedo – A *Inquisição de Coimbra no século XVI – A instituição, os homens e a sociedade*. Porto, Fund. Eng. Antonio de Almeida, 1997.

Medina y Zavala, Toribio, José – *Historia del Tribunal de*

la Inquisición en Lima. Santiago de Chile, Ed. Fondo Histórico y Bibilográfico, J.T.Medina, 1956.

– *Historia del Tribunal del Santo Oficio de Cartagena de las Índias*. Santiago, Ed. Impresora Elzeeviriana, 1899.

– *La Inquisición en el Río de la Plata*. Buenos Aires, Ed. Huarpes, 1945.

– *La primitiva Inquisición americana*, Santiago de Chile, 1914.

Mendonça, José Lourenço D. e Moreira, Antonio Joaquim – *História dos principais actos e procedimentos da Inquisição em Portugal*. Lisboa, Casa da Moeda, 1980.

Mizrahi, Raquel – *A Inquisição no Brasil um capitão-mor judaizante*. São Paulo, Centro de Estudos Judaicos, Universidade de São Paulo, 1984.

Mott, Luiz – "Justitia et misericórdia: A Inquisição portuguesa e a repressão ao abominável pecado de sodomia", in Novinsky, A. & Tucci, M.L. (Eds).

Nazário, Luiz – *Autos de Fé como espetáculo de massa*. São Paulo, Editora Humanitas, 2005.

Netanyahu, Ben Zion – *The origins of the Inquisition in fifteenth century Spain*. New York, Radom House, 1995.

Novinsky, Anita Waingort – *Inquisição. Cristãos novos na Bahia*. São Paulo, Editora Perspectiva, 1992. Segunda edição.

Novinsky, Anita Waingort – *Inquisição. Prisioneiros do Brasil. (séculos XVI-XIX)*. Rio de Janeiro, Editora Expressão e Cultura, 2002.

Novinsky, Anita Waingort – *O Santo Ofício da Inquisição no Maranhão. A inquirição de 1731*. São Luís, Editora Universidade Estadual do Maranhão, 2006.

— *Gabinete de Investigação: uma "caça aos judeus" sem precedentes – Brasil – Holanda, séculos XVII e XVIII*. São Paulo, Editora Humanitas, 2007.

— *O olhar judaico em Machado de Assis*. Rio de Janeiro, Editora Expressão e Cultura, 1990.

— *O Judaísmo dissimulado do padre Antonio Vieira*. Revista Sigila.

— *A sobrevivência dos judeus na visão de Baruch Spinoza: o exemplo da Paraíba*. In Vainfas, Ronaldo, Feitler, Bruno, Lage, Lana – A *Inquisição em Xeque*. Temas. Controvérsias. Estudos de Caso.

— *Reflexões sobre o racismo. (Portugal, séculos XVI-XX)* in Revista USP, março/abril, São Paulo, 2006. Páginas 27 a 35.

— *Novos Elementos para a história de São Paulo. Paulistas cristãos-novos contra os jesuítas*, in Revista USP, São Paulo, março/maio de 2005. Páginas 98 a 104.

— *Padre Antonio Vieira, a Inquisição e os Judeus* in Novos Estudos, Cebrap. São Paulo, março de 1991. Páginas 172 a 181.

Novinsky, Anita Waingort e Carneiro, Maria Luiza Tucci, (org.) *Inquisição: ensaios sobre mentalidades, heresias e arte*. Rio de Janeiro, Editora Expressão e Cultura, e São Paulo, Editora da Universidade de São Paulo, 1992.

Novinsky, Anita Waingort e Kuperman, Diana (org.) - *Ibéria judaica – Roteiros da memória*. Rio de Janeiro, Editora Expressão e Cultura, e São Paulo, Editora da Universidade de São Paulo, 1996.

Perez, Joseph – *Crónica de la Inquisición en España*. Barcelona, Ediciones Martínez Roca, S.A. 2002.

Poliakov, Leon – *De Maomé aos marranos – História do Antissemitismo II*. Tradução Ana M. Goldemberg Coelho e Jacó Guinsburg. São Paulo, Editora Perspectiva, 1984.

Remédios, João Mendes dos – *Os judeus em Portugal*. 2 tomos. Coimbra, Editora França Amado, 1985.

Salvador, José Gonçalves – *Cristãos-novos, jesuítas e Inquisição*. São Paulo, Editora Pioneira, 1969.

Saraiva, Antonio José – *Inquisição e cristãos-novos*. Porto, Editora Inova, 1969.

Vainfas, Ronaldo, Feitler, Bruno e Lage, Lana (org) – *A Inquisição em xeque. Temas. Controvérsias. Estudos de caso*. Rio de Janeiro, Editora Universidade Estadual do Rio de Janeiro, 2006.

Vainfas, Ronaldo – *Trópico dos pecados: moral, sexualidade e Inquisição no Brasil colonial*. Rio de Janeiro, Campus, 1989.

Villanueva, Joaquin Perez y Bonet, Bartolomé Escandell – *Historia de la Inquisicion en España y América*. Madrid, BACCEI, 4 vols, 1984.

Wiznitzer, Arnold – *Os judeus no Brasil colonial*. São Paulo, Editora Pioneira, 1966.

Confrontar as teses seguintes defendidas no Departamento de História da Faculdade de Filosofia, Letras e Ciências Humanas da Universidade de São Paulo, sob a orientação de Anita Waingort Novinsky (a serem publicadas):

Amaral, Marcelo – *Tribulações do Povo de Israel na São Paulo Colonial*. 2006.

Araújo, Júnior, Adalberto Gonçalves – *Cristãos-novos e Inquisição no século do ouro em Goiás*. 1998.

—— *No ventre da baleia*, 2006.

Carollo, Denise – *A política inquisitorial na Restauração Portuguesa e os cristãos-novos*. 1995.

Lima, Robson. *O antissemitismo na Companhia de Jesus*. 2007.

Lustosa, Fernanda Mayer – *Raízes judaicas na Paraíba colonial, séculos XVI a XVIII*. 2000.

Monteiro, Vara Nogueira – *Presença portuguesa no Peru em fins do século XVI e princípios do XVII*. 1979.

Ribeiro, Benair – *Arte e Inquisição na Península Ibérica – A arte, os artistas e a inquisição*. 2007.

Ribeiro, Eneida Beraldi – *Bento Teixeira e a "Escola de Satanás" – o poeta que teve a "prisão por recreação, a solidão por companhia e a tristeza por prazer"*. 2007.

Santos, Suzana Maria de Souza – *Marranos e Inquisição (Bahia, século XVIII)*. 1997.

Valadares, Paulo – *A origem judaica de famílias brasileiras*. 2004.

Créditos das ilustrações

Fig. 1 - Tortura na roda - Inquisição medieval. Gravura anônima in Baigent M; Leigth R. *The Inquisition*, Londres: Penguin Books, 1999

Fig. 2 - O papa institui a Inquisição - iluminura medieval, in Laurent Albaret - *L'Inquisition – Rempart de la foi?*, Paris: Editions Gallimard, 1998.

Fig. 3 – Estandarte da Inquisição de Goa. Gravura de Adrian Schoonebeck in Philipp van Limborch, *Historia Inquisicionis*, Amsterdã, 1692.

Fig. 4 – Estandarte da Inquisição em Procissão em Goa. Gravura de Pierre Paul Sevin, in Dellon, Charles, *Relation* de l'Inquisition de Goa, Paris, Ed. Chandeigne, 1997.

Fig. 5 – São Tiago e São Hermógenes queimam livros heréticos. Pintura a óleo do Mestre de Lourinhã, c. 1520. Museu Nacional de Arte Antiga de Lisboa.

Fig. 6 – Preparação para a tortura do potro. Gravura de Joseph Constantin Stadler. Museu Nacional de Arte Antiga.

Fig. 7 – Tortura na polé. Gravura de Joseph Constantin Stadler. Museu Nacional de Arte Antiga.

Fig. 8 – Condenados pela Inquisição portando sambenitos. Gravura anônima. Editada por Pierre Van Der in Galerie Agreable du Monde - Tomo II - Biblioteca Nacional do Rio de Janeiro.

Fig. 9 – Condenadas pela Inquisição portando sambenitos. Gravura anônima. Editada por Pierre Van Der in Galerie Agreable du Monde – Tomo II – Biblioteca Nacional do Rio de Janeiro.

Fig. 10 – Auto de fé em Lisboa. Gravura de Bernard Picart, c. 1722. Museu Nacional de Arte Antiga de Lisboa.

Fig. 11 - Procissão de auto de fé em Lisboa. Autor desconhecido. *Inquisição – Enciclopédia pela imagem*, Porto, Lello & Irmãos.

Fig. 12 - Procissão de auto de fé em Lisboa. Gravura anônima. Editada por Pierre Van Der in *Galerie Agreable du Monde* – Tomo 11 – Biblioteca Nacional do Rio de Janeiro.

Sobre a autora

Nascida em Stachov, Polônia, naturalizou-se brasileira. Licenciada em Filosofia e livre-docente em História pela Universidade de São Paulo. Fundadora e Presidente do Laboratório de Estudos sobre a Intolerância da Universidade de São Paulo – (LEI) – e do Museu da Tolerância, a ser construído no *campus* universitário. Professora visitante em diversas universidades internacionais e nacionais, como Brown University, Rhode Island; Rutgers University, New Brunschvik; Austin University, Texas; "Directeur d'Études" na Ècole des Hautes Études en Sciences Sociales et Sciences Religieuses, Paris.

Ministrou palestras e seminários na Universidade de Paris, Sorbonne França; Universidade de Tel Aviv, Israel; Universidade de Varsóvia, Polônia; Universidade de Waseda, Tóquio; Universidade de Lisboa, Portugal; Universidade do Porto, Portugal; Universidade Federal do Paraná; Universidade Federal de João Pessoa; Universidade Federal do Maranhão, entre outras.

Autora de numerosos artigos publicados em diversos idiomas em revistas especializadas, no estrangeiro e no Brasil, e dos seguintes livros:

Gabinete de Investigação: uma "caça aos judeus" sem precedentes – Brasil – Holanda, séculos XVII e XVIII. São Paulo, Editora Humanitas, 2007.

O Santo Ofício da Inquisição no Maranhão. A inquirição de 1731. São Luis, Editora da Universidade Estadual do Maranhão, 2006.

Inquisição: prisioneiros do Brasil (séc. XVI-XIX). Rio de Janeiro, Editora Expressão e Cultura, 2002.

Cristãos-novos na Bahia. 2ª. Edição. São Paulo, Editora Perspectiva, 1992.

Novinsky, Anita e Carneiro, Maria Luiza Tucci (org.) *Inquisição: ensaios sobre mentalidades, heresias e arte*. Rio de Janeiro, Editora Expressão e Cultura, e São Paulo, Editora da Universidade de São Paulo, 1992.

Novinsky, Anita e Kuperman, Diana (org.) *Ibéria judaica: Roteiros da memória*. Rio de Janeiro,

Editora Expressão e Cultura, e São Paulo, Editora da Universidade de São Paulo, 1996.

Inquisição – Rol dos culpados, século XVIII. Rio de Janeiro, Editora Expressão e Cultura, 1992.

O olhar judaico em Machado de Assis. Rio de Janeiro, Editora Expressão e Cultura, 1990.

Inquisição: inventários de bens confiscados a cristãos-novos no Brasil. Lisboa, Editora Imprensa Nacional-Casa da Moeda, 1978.

Kayserling, Meyer; *História dos judeus em Portugal*. Tradução do alemão por Novinsky, Anita Waingort e Silva, Gabriele Borchardt Corrêa da Silva. São Paulo, Livraria Pioneira Editora, 1971.